ספר הבישול התוסס של סלק

גלה את היתרונות התזונתיים והשימושים הרב-גוני של סלק בבישול שלך עם
100 מתכונים מעוררי תיאבון לכל אירוע

דלישטור רהוז

תוכן העניינים

מבוא

האם אתה מחפש מרכיב חדש להוסיף לרפרטואר המטבח שלך? רתוי קוחר לכתסת לא סומע שרוש קרי אוה קלס ,רוצייה רבעמב ונממ םימלעתמ תובורק םיתעל !עונצה קלסהמ .תוקנחו ןוצמח ידגונ דעו םילרנימו םינימטיוומ ,םיניזמ םירמוחב

דעו םייולק קלס יטלסמ .חבטמב אילפהל ידדצ םג אוה - דליבשב בוט קר אל קלס לבא לושיבב קלס בלשל םיכרד ףוסניא שי ,קלס זינוארב וליפאו ,קלס םירגרובמה ,קלס סומוח .הנמ לכל הפי פופ ףיסומ םהלש ססותה עבצה ,ףסונב .דלש

תוינוגברה תא םיגיצמש ןובאית ירורועמ םינוכתמ 100 ףתשנ ,הזה לושיבה רפסב שרושה קריב םישדח וא םיקיתו קלס יבבוח םתא םא ןיב .קלסה לש םייתנוזתה תונורתיהו .םיקותמ םיקוניפו םיננערמ םידדצ דעו תונשד תוירקיעמ ,עוריא לכל םינוכתמ ונל שי ,הזה

לכותש ידכ ,קלס םע לושיבל ונלש רתויב תובוטה תוקינכטהו םיפיטהמ המכ ףתשנ םג ונא ליחתהו הזה לושיבה רפס לש קתועה חק ,זא .הזה ןיזמהו םיעטה ביכרמהמ ברמה תא קיפהל !דל ודוי (דפוגו) דלש םעטה תוטולב - קלסה םלוע תא רוקחל

ארוחת בוקר

1. קערת חלב פטל ושקדים

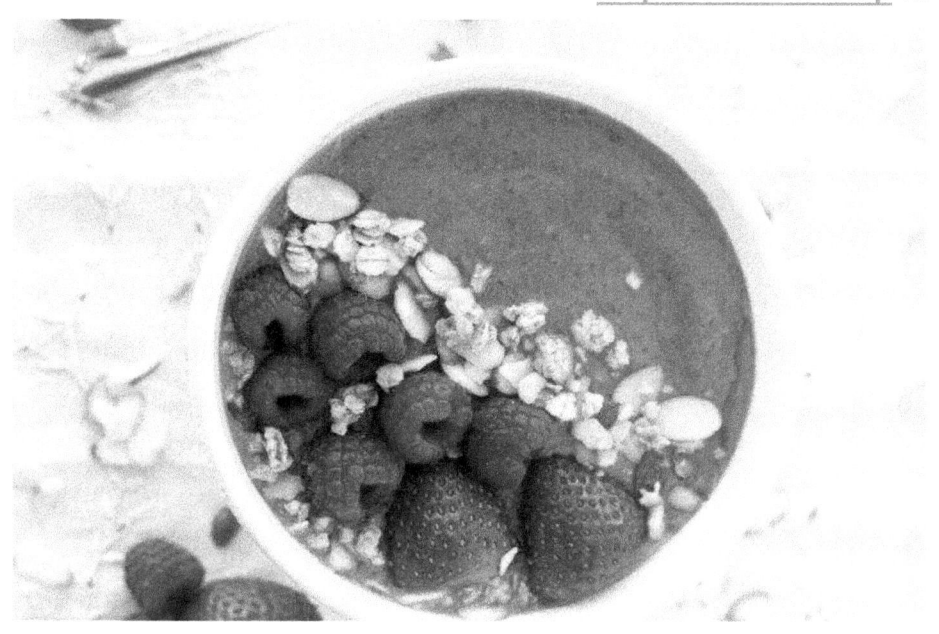

עושה: 3

רכיבים:
- 1 כוס פטל קפוא
- ¼ כוס פפטידים קולגן
- ¼ כוס שמן MCT
- 2 כפות זרעי צ'יה
- 1 כפית אבקת סלק
- 1 כפית תמצית וניל אורגנית
- 4 טיפות סטיביה נוזלית
- ½ כוס חלב שקדים, לא ממותק

הוראות:

a) בבלנדר בעל עוצמה גבוהה, מערבבים את כל החומרים ומערבבים עד לקבלת מרקם חלק.

b) יוצקים ל-3 קערות הגשה ומגישים עם הקישוט האהוב עליכם.

2 . ביצים חמוצות ורודות

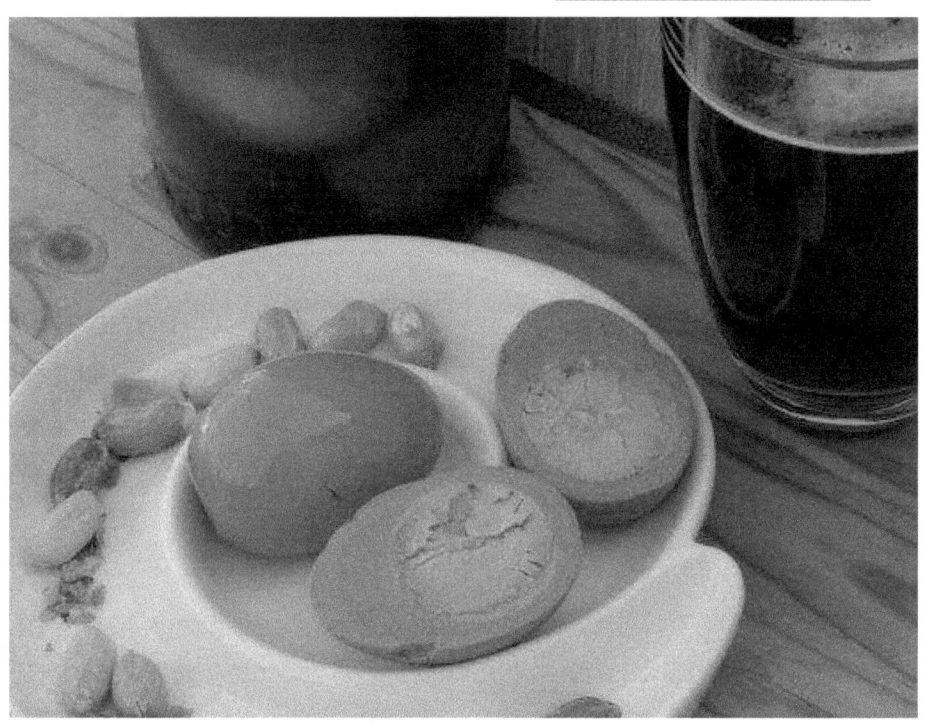

עושה: 6

רכיבים:
- 6 ביצים
- 1 כוס חומץ לבן
- מיץ מפחית 1 סלק
- ¼ כוס סוכר
- ½ כף מלח
- 2 שיני שום
- 1 כף פלפל שלם
- 1 עלה דפנה

הוראות:

a) מחממים את המים ל-170 °F

b) מניחים ביצים בשקית. אוטמים את השקית ומניחים אותה באמבטיה. מבשלים במשך שעה.

c) לאחר שעה, מניחים ביצים בקערת מים קרים לצינון ומקלפים בזהירות. בשקית הבה. בשלישית את הביצים בשלב וחומץ, מיץ סלק, סוכר, מלח, חלם, שום ועלה דפנה.

d) מחליפים ביצים בשקית בונז לבישה. חולפים באמבטב מים ומבשלים עוד שעה.

e) לאחר שעה, מעבירים ביצים עם נוזל לבכבי השיבה למקרר.

f) אפשר להתקרר לחלוטין ויטלו לפני האכילה.

מכינה: מנה אחת

רכיבים:

- 1 כוס סלק טרי קצוץ דק
- 2 כפות עמילן תירס
- 4 חלמונים טרופים
- ½ כפית סוכר
- 3 כפות שמנת כבדה או חלב אידוי לא מדולל
- ½ כפית אגוז מוסקט טחון
- 1 כפית מלח

הוראות:

a) מערבבים את כל החומרים בקערת ערבוב.

b) מערבבים היטב ואופים בצורת פנקייק על מחבת חמה חמה או מחבת כבדה.

c) מגישים עם מרמלדת פירות או שימורים.

4 . רטסקנל לש םיציבו קלס

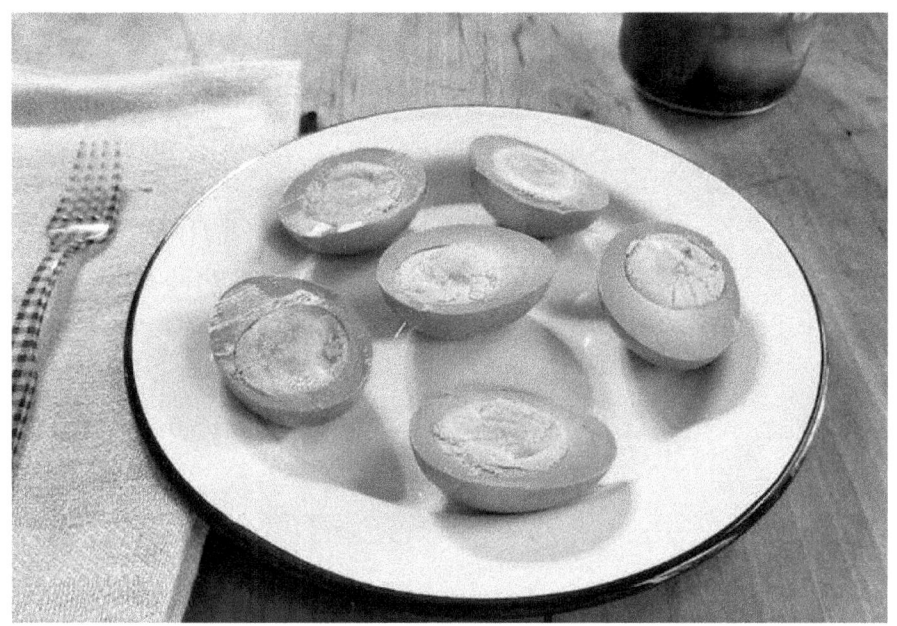

מייצר: אצווה אחת

רכיבים:

- 16 אונקיות סלק, פרוס משומר
- ¾ כוס חומץ סיידר
- 6 כפות סוכר, מגורען
- 1 כף תבלין כבישה
- 1 בצל קטן; לחתוך לטבעות
- ½ כוס; מים, חמים
- 4 ביצה; מבושל קשה, קלוף
- 3 כפות מיונז
- 1 כפית חרדל, מוכן
- ⅛ כפית מלח

הוראות

a) מסננים נוזלים מהסלק לסיר בינוני. מערבבים חומץ, סוכר ותבלינים כבישה. מחממים לרתיחה ומבשלים חמש דקות.

b) מסננים לתוך מידה של שתי כוסות.

c) מערבבים סלק ובצל בקערה בינונית; מוסיפים כוס אחת מנוזל הכבישה; מערבבים כדי לערבב; לְצַנֵן.

d) מערבבים מים חמים לתוך נוזל הכבישה שנותר; יוצקים על ביצים בקערה בינונית. מניחים לעמוד, הופכים מספר פעמים, במשך כשעה או עד שהביצים הופכות ורוד עשיר; מסננים את הנוזל. מצננים את הביצים עד שהן מוכנות למילוי.

e) חצו ביצים לאורך; לגרוף חלמונים לקערה קטנה; לרסק היטב.

f) מקציפים רוטב לסלט, חרדל ומלח עד שהתערובת בהירה ותפוחה. עורמים בחזרה ללבנים.

g) מסננים נוזלים מסלק ובצל; כף למרכז כלי הגשה. מניחים ביצים מטופחות בטבעת מסביב לקצה.

5. סלק מחבת, תרד וביצים

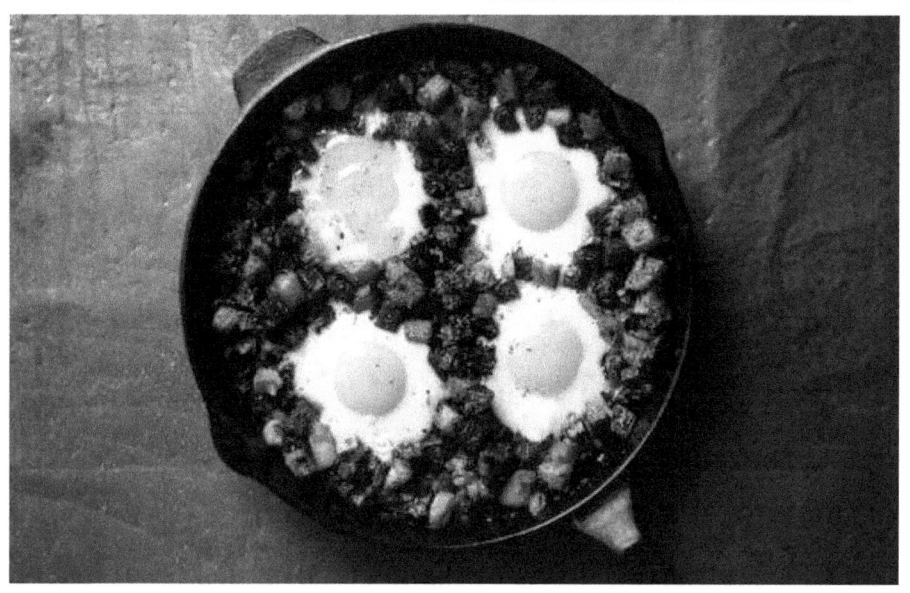

עושה: 2

רכיבים

- 2 סלקים קטנים של אדום וזהב
- 2 ביצים
- 1 כוס תרד
- 1 כף שמן קוקוס
- 1 כפית בזיליקום
- ¼ כפית פלפל
- ¼ כפית מלח ים

הוראות

a) קולפים את הסלקים ואז קוצצים אותם לחתיכות קטנות. מטגנים עם שמן קוקוס, עשבי תיבול ותיבול במחבת עד שהם מתחילים להתרכך.

b) דוחפים את הסלקים לצד המחבת ומפצחים פנימה את הביצים. מבשלים דקה או שתיים, תלוי איך אתם אוהבים אותם. בזמן שהם מסיימים את הבישול זורקים קצת תרד לחימום בצד נפרד של המחבת.

c) כשהכל מוכן מסירים מהאש ומגישים חם!

עושה: 4

רכיבים:

- 1 קילו סלק, קלוף וחתוך לקוביות
- חצי קילו תפוחי אדמה יוקון גולד, מרופטים וחתוכים לקוביות
- מלח גס ופלפל שחור גרוס טרי
- 2 כפות שמן זית כתית מעולה
- 1 בצל קטן, חתוך לקוביות
- 2 כפות פטרוזיליה טרייה קצוצה
- 4 ביצים גדולות

הוראות:

a) במחבת עם צד גבוה מכסים את הסלק ותפוחי האדמה במים ומביאים לרתיחה. מתבלים במלח ומבשלים עד לריכוך, כ-7 דקות. מסננים ומנגבים את המחבת.

b) מחממים שמן במחבת על אש בינונית-גבוהה. מוסיפים סלק ותפוחי אדמה מבושלים ומבשלים עד שתפוחי האדמה מתחילים להזהיב כ-4 דקות. מנמיכים את האש לבינונית, מוסיפים בצל ומבשלים, תוך כדי ערבוב, עד לריכוך, כ-4 דקות. מתקנים תיבול ומערבבים פנימה פטרוזיליה.

c) יוצרים ארבע בארות רחבות בחשמל. פורצים ביצה אחת לכל אחת ומתבלים את הביצה במלח. מבשלים עד שהחלבונים מתייצבים אך החלמונים עדיין נוזלים 5 עד 6 דקות.

7 . קלס רקוב תחורא הציפ

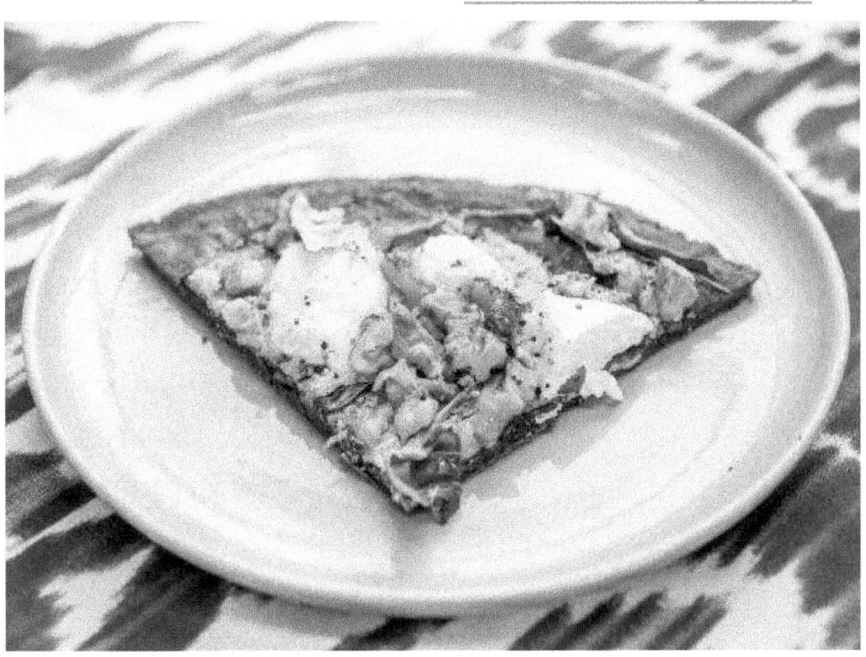

עושה: 6

רכיבים:

לקרום הפיצה:

- 1 כוס סלק מבושל ומחית
- ¾ כוס קמח שקדים
- ⅓ כוס קמח אורז חום
- ½ כפית מלח
- 2 כפיות אבקת אפיה
- 1 כף שמן קוקוס
- 2 כפיות רוזמרין קצוץ
- ביצה 1

תוספות:

- 3 ביצים
- 2 פרוסות בייקון מבושל מפוררות
- אבוקדו
- גבינה

הוראות

a) מחממים תנור ל-375 מעלות

b) מערבבים את כל המרכיבים לקרום הפיצה

c) אופים במשך 5 דקות

d) מוציאים ויוצרים 3 "בארות" קטנות בעזרת גב כף או תבנית גלידה

e) זרוק את 3 הביצים לתוך ה"בארות" האלה

f) אופים 20 דקות

g) מעל גבינה ובייקון ואופים עוד 5 דקות

h) הוסף עוד רוזמרין, גבינה ואבוקדו.

8 . פריטטה גבינת סלק ועזים

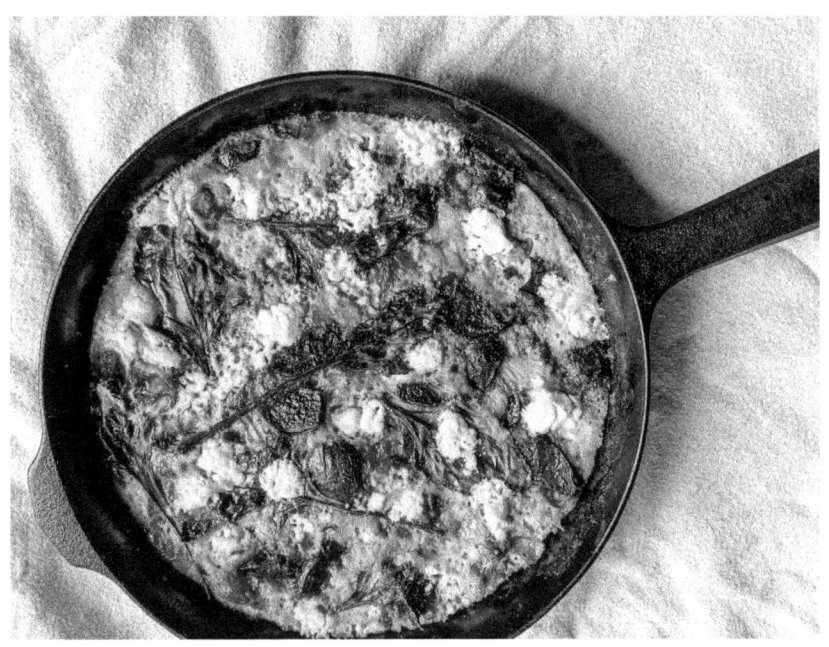

:םיביכר

1 סלק גדולׅ, קלוׅ ומגורר
6 ביצים גדולות
1/4 כוס גבינת עיזים מפוררת
1 כף שמן זית
1/4 כפית מלח
1/4 כפית פלפל שחור
1/4 כוס פטרוזיליה טריה קצוצה
:הוראות

חממים את התנור ל-350 מעלות צלזיוס.

בקערת עירבוב גדולה, טורפים יחד את הביצים, גבינת עיזים, קלס מגורר, מלח ופלפל.

מחממים את השמן ֿזה במחבת גדולה הניתנת לתנור על אש בינוני.

יוצקים את תערובת הביצים לחמבת ומבשלים 2-3 דקות, עד שהתחתית מתייצבת.

מעבירים את המחבת לתנור ואופים 8-10 דקות, עד שהפריטטה מוכנה.

מפזרים פטרוזיליה קצוצה ומגישים.

9 . ירבו קלס קייש תרעק

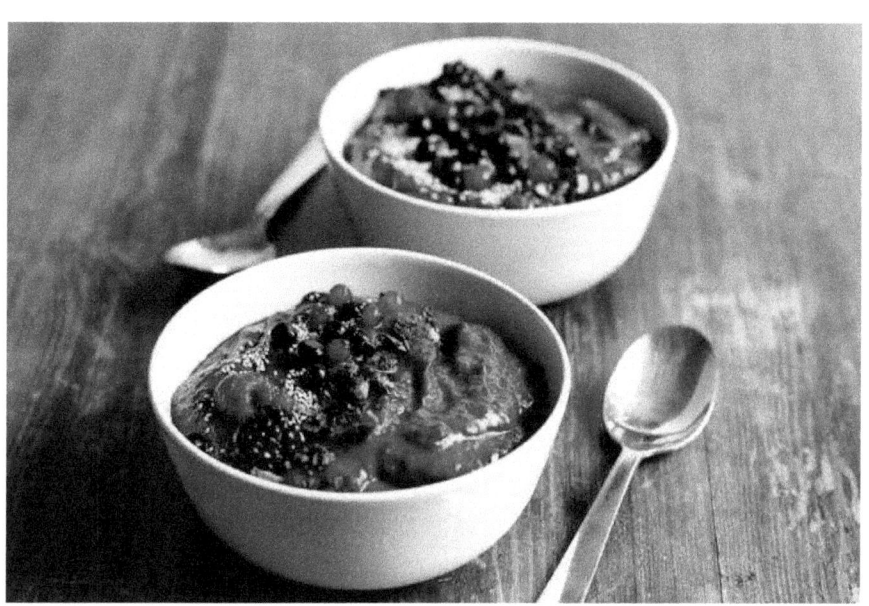

רכיבים:

1 סלג דולו, קולף וחתוך לקוביות
1 סוכ פירות יער מעורבים קפואים
1 בננה
1/2 סוכ חלב שקדים
1 כפ דבש
1 כפית תמצית וניל
1/4 סוכ גרנולה
1 כפ זרעי צ'יה
הוראות:

מוסיפי לבלנדר את קוביות הסלק, פירות יער קפואים, בננה, חלב שקדים, דבש
ותמצית וניל.

מערבבים עד לקבלת מרקם חלק וקרמי.

יוצקים את השייק לקערה.

מעל גרנולה וזרעי צ'יה.

מגישים מיד.

10 . הטטבו קלס שישח

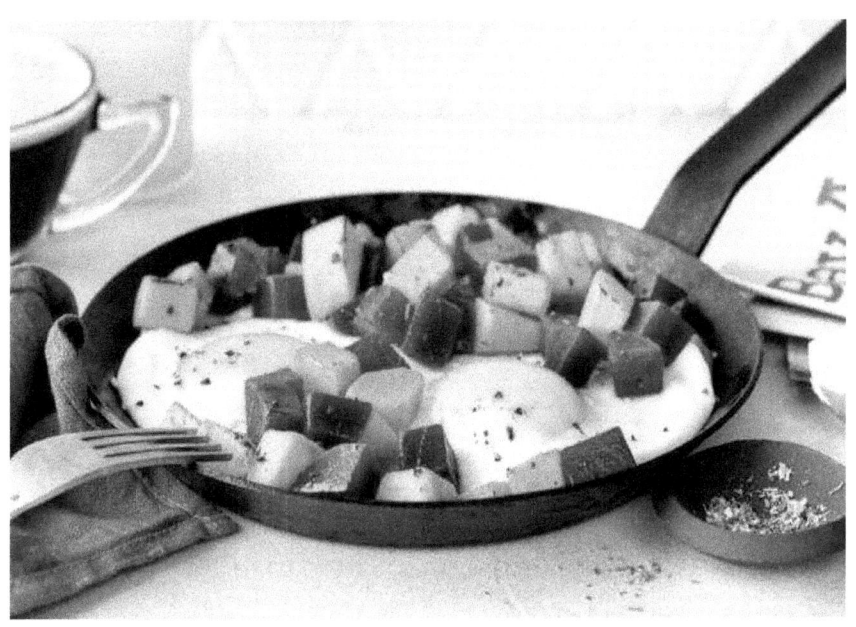

רכיבים:

1 סלק גדול, קלוף וחתוך לקוביות
1 בטטה גדולה, קלופה וחתוכה לקוביות
1 בצל, חתוך לקוביות
2 שיני שום, קצוצות
2 כפות שמן זית
1/2 כפית מלח
1/4 כפית פלפל שחור
4 ביצים
הוראות:

מחממים את השמן וזהית במחבת גדולה על אש בינוני.

מוסיפים למחבת את קוביות הסלק, הבטטה, הבצל והשום.

מבשלים 15-20 דקות, תוך ערבוב מדי פעם, עד שהירקות רכים.

מתבלים במלח ופלפל.

פורצים את הביציה למחבת ומבשלים 2-3 דקות, עד שהחלבונים מתייציבים והחלמונים
עדיין נוזלים.

מגישים מיד.

11 . טוסט סלק ואבוקדו

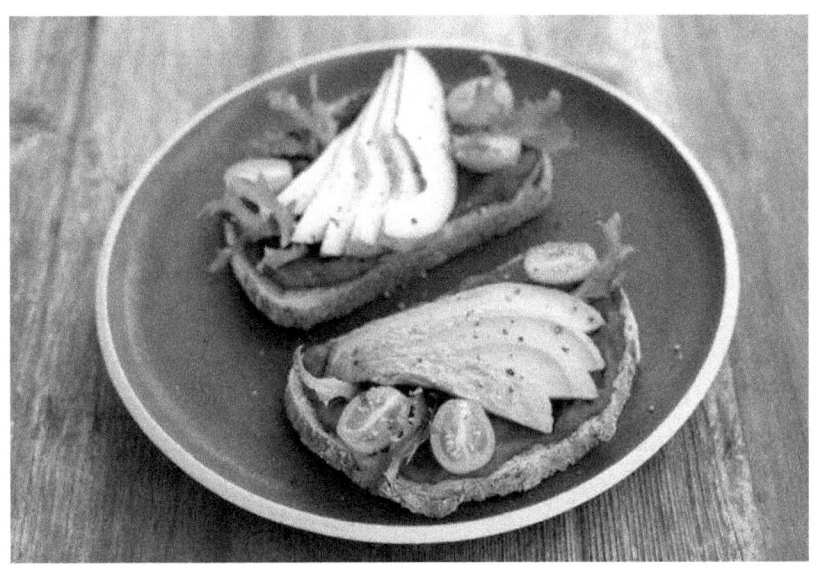

רכיבים:

1 סלג דולק, קלוף ומגורר
2 פרוסות לחם מחיטה מלאה
1 אבוקדו, פרוס
1/4 כפית מלח
1/4 כפית פלפל שחור רווח
1 כף שמן זית
1 כף כוסברה טרי קצוצה
הוראות:

צולים את פרוסות הלחם.

בקערת ערבוב קטן מערבבים את הסלג המגורר, המלח, הפלפל והשמן זית.

מורחים את תערובת הסלק על הטוסט.

מעל אבוקדו פרוס.

מפזרים כוסברה קצוצה.

מגישים מיד.

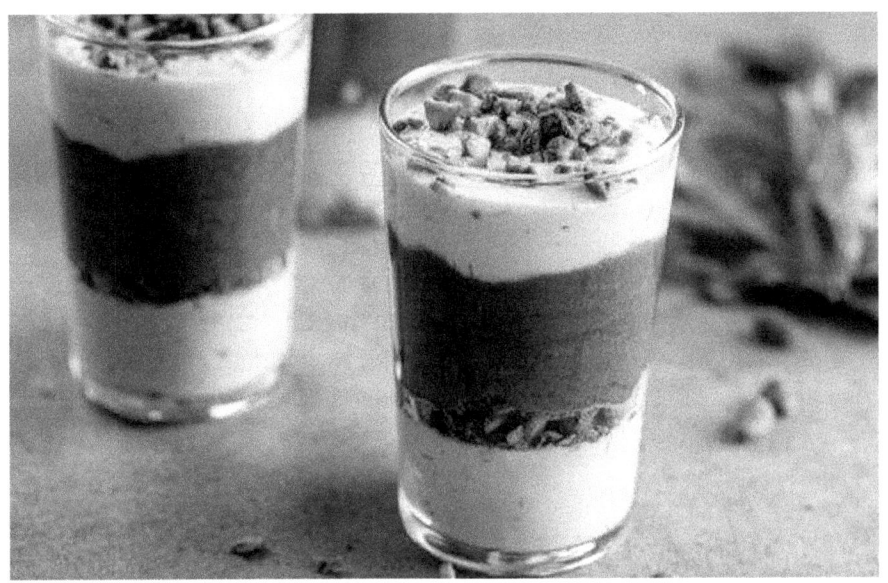

רכיבים:

1 סלג גדול, קולף ומגורר
1 כוס גורוט וניי
1 כף דבש
1/2 כוס גרנולה
1/4 כוס פירות יער מעורבים (לא חובה)
הוראות:

בקערת עירוב קטנה מערבבים את הסלק המגורר, היוגורט וניי והדבש.
כשב ואת תערובת היוגורט והגרנולה בכוס.
למעלה עם פירות יער מעורבים, אם רוצים.
מגישים מיד.

םיביכר:

1 סלק גדול, קלוף ומגורר
1 גזר גדול, קלוף ומגורר
4 טורטיות תירס קטנות
4 ביצים
1/4 כפית מלח
1/4 כפית פלפל שחור
2 כפות שמן זית
1 כף סוכרבה טרייה קצוצה
הוראות:

מחממים את שמן הזית במחבת גדולה על אש בינונית.

מוסיפים למחבת את הסלק המגורר והגזר.

מבשלים 10-15 דקות, תוך ערבוב מדי פעם, עד שהירקות רכים.

מתבלים במלח ופלפל.

במחבת נפרדת מטגנים את הביצים עד שהחלבונים מתייצבים והחלמונים עדיין נוזלים.

מחממים את הטורטיות בתנור או במיקרוגל.

מרכיבים את הטאקו על ידי מילוי כל טורטייה בתערובת הסלק והגזר וביצה מטוגנת.

מעל עם סוכרבה קצוצה.

מגישים מיד.

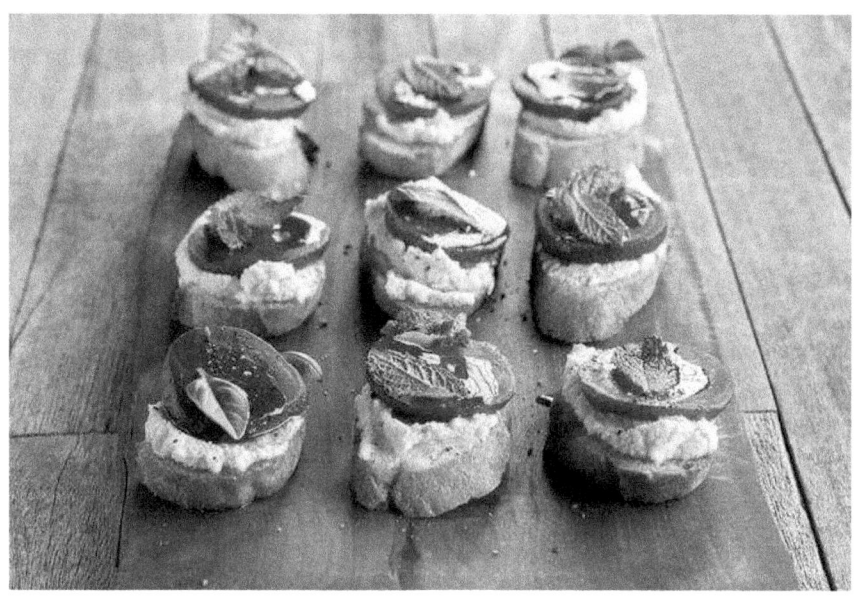

רכיבים:

1 סלק גדול, קלוף ומגורר
2 פרוסות לחם מחיטה מלאה
1/2 כוס גבינת ריקוטה
1 כף זיגוג בלסמי
1 כף בזיליקום טרי קצוץ

הוראות:

צולים את פרוסות הלחם.

מורחים את גבינת הריקוטה על הטוסט.

מעליו את הסלק המגורר.

מטפטפים את זיגוג הבלסמי על הסלק.

מפזרים בזיליקום קצוץ.

מגישים מיד.

15 . קערת ארוחת בוקר סלק וקינואה

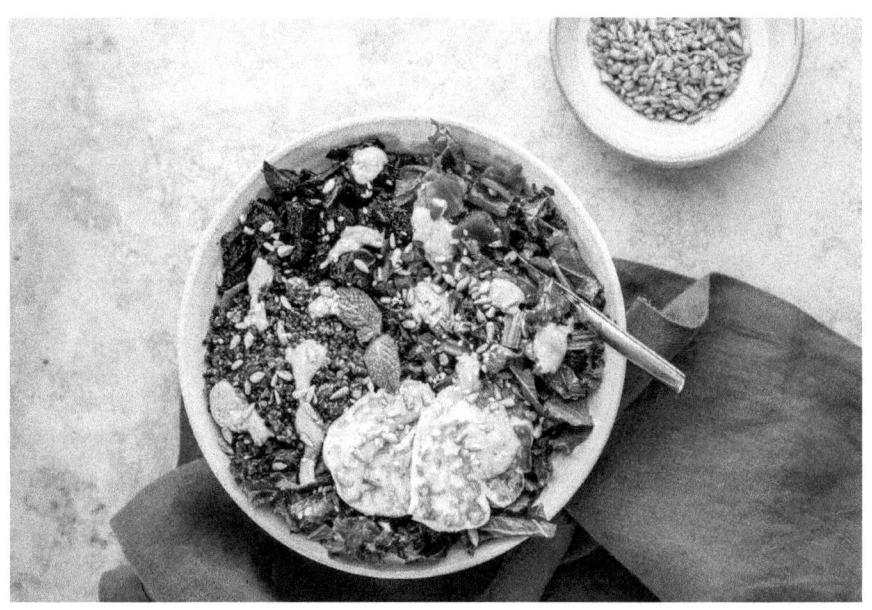

רכיבים:

1 סלק גדול, קלוף וחתוך לקוביות
1 כוס קינואה מבושלת
1/2 כוס קייל קצוץ
1/4 כוס גבינת פטה מפוררת
1 כף שמן זית
1/4 כפית מלח
1/4 כפית פלפל שחור
1 כף פטרוזיליה טרייה קצוצה

הוראות:

מחממים את שמן הזית במחבת גדולה על אש בינוני.

מוסיפים את קוביות הסלק ומבשלים 10-15 דקות, תוך ערבוב מדי פעם, עד שהסלק רך.

מוסיפים את הקייל לקציצה ומבשלים במחבת עוד 2-3 דקות, עד שהקייל נובל.

מתבלים במלח ופלפל.

מערבבים בקערת מיקסר את הקינואה המבושלת, תערובת הסלק וגבינת הפטה המפוררת.

מחלקים את תערובת הקינואה לקערות.

מעל פטרוזיליה הקצוצה.

מגישים מיד.

רכיבים:

1 סלק גדול, קלוף ומגורר
1/2 כוס זרעי צ'יה
2 כוסות חלב שקדים
1/4 כוס אבקת קקאו לא ממותק
1/4 כוס סירופ מייפל
1 כפית תמצית וניל
הוראות:

מערבבים בבלנדר את הסלק המגורר, חלב שקדים, אבקת קקאו לא ממותק, סירופ מייפל ותמצית וניל.

מערבבים עד לקבלת תערובת חלקה.

יוצקים את התערובת לקערת ערבוב.

מוסיפים את זרעי הצ'יה ומערבבים לאיחוד.

תנו לפודינג לשבת לפחות 30 דקות, או לילה במקרר.

הגש צונן.

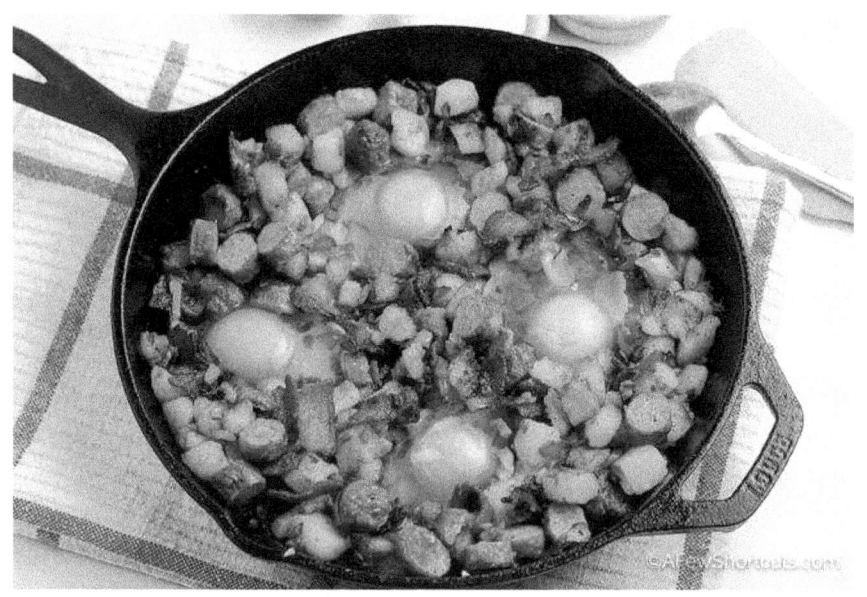

רכיבים:

1 סלק גדול, קלוף וחתוך לקוביות
4 נקניקיות ארוחת בוקר, פרוסות
1 בצל, חתוך לקוביות
2 שיני שום, קצוצות
2 כפות שמן זית
1/2 כפית מלח
1/4 כפית פלפל שחור
4 ביצים
הוראות:

מחממים את שמן הזית במחבת גדולה על אש בינונית.
מוסיפים למחבת את קוביות הסלק, הנקניקיות הפרוסות, הבצל הקצוץ והשום הטחון. 2.

מבשלים 10-15 דקות, תוך ערבוב מדי פעם, עד שהירקות רכים והנקניקיה משחימה.
מתבלים במלח ופלפל.
יוצרים ארבע בארות במחבת ומפצחים ביצה לכל באר.
מכסים את המחבת ומבשלים עוד 5-7 דקות, או עד שהביצים מבושלות לפי טעמכם.
מגישים מיד.

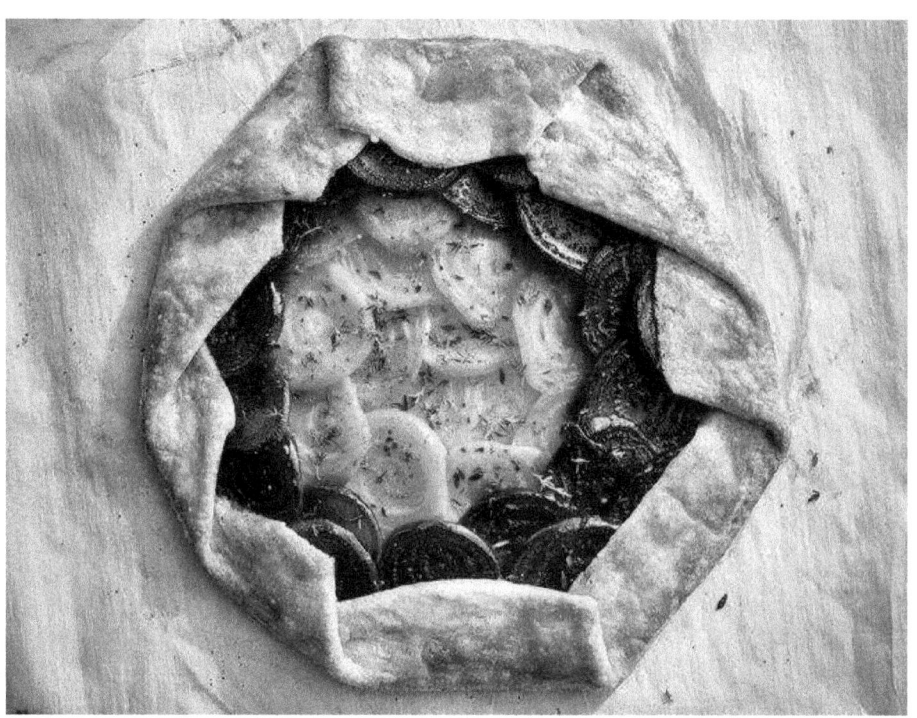

רכיבים:

1 קצב פאי, תוצרת בית וא קנוי בחנות
1 סלק גדול, קלופ ופרוס דק
4 גרם בגינת עיזים, מפוררת
2 ביצים
1/4 כוס שמנת כבדה
1/4 כפית מלח
1/4 כפית פלפל שחור
1 כף טימין וטרי קצוץ

הוראות:

חממים את התנור ל-375 מעלות צלזיוס.

מניחים את בצק הפאי בתבנית טארט בגודל 9 אינץ' ודוקרים את התחתית עם מזלג.

מסדרים את הסלק החתוך דק על גבי הקרום.

בקערת עירוב בינונית, טורפים יחד את הביצים, השמנת הכבדה, המלח, הפלפל והטימין הקצוץ.

יוצקים את תערובת הביצים על הסלק ומפזרים אותו בצורה אחידה.

מפזרים מעל את בגינת העיזים המפוררת.

אופים במשך 25-30 דקות, או עד שהקרום מוזהב והמילוי מתייצב.

נותנים לטארט להתקרר כמה דקות לפני שפורסים ומגישים.

תונושאר תונמו םיפיטח

19. קלס ספי'צ

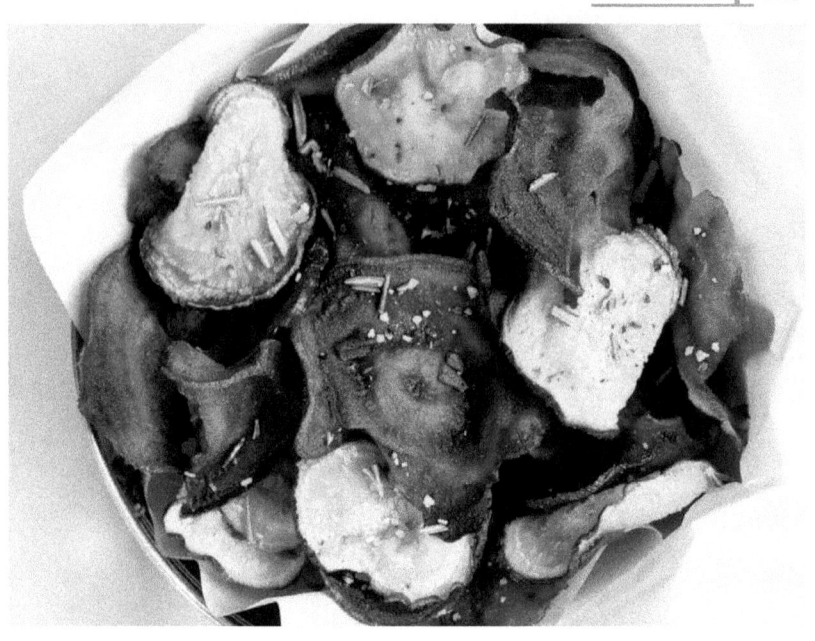

עושה: 1

רכיבים:
- 4 סלקים בינוניים, שוטפים ופרוסים דק
- 1 כפית מלח ים
- 2 כפות שמן זית
- חומוס, להגשה

הוראות:

a) מחממים מראש את הטיגון האוויר ל-380 מעלות צלזיוס.

b) בקערה גדולה זורקים את הסלק עם מלח ים ושמן זית עד שהם מצופים היטב.

c) הכניסו את פרוסות הסלק לטיגון האוויר ופזרו אותן בשכבה אחת.

d) מטגנים 10 דקות. מערבבים ואז מטגנים עוד 10 דקות. מערבבים שוב, ואז מטגנים 5 עד 10 דקות אחרונות, או עד שהצ'יפס מגיע לפריכות הרצויה.

e) מגישים עם חומוס אהוב.

20 . שמיר ושום סלק

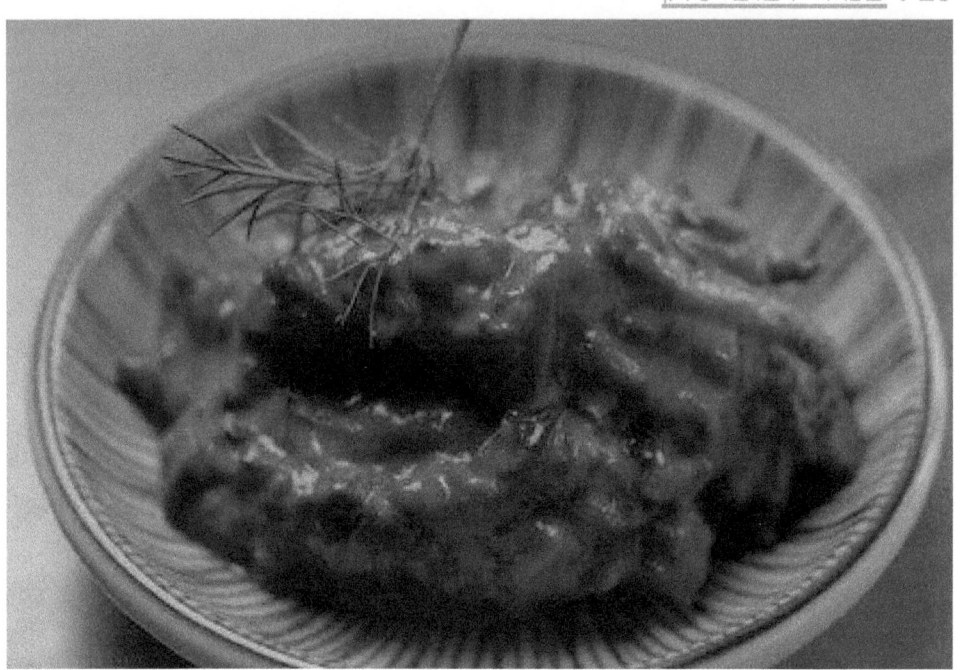

מכינה: 2 מנות

רכיבים:
- 4 סלק, מנוקה, קלוף וחתוך לפרוסות
- 1 שן שום, קצוצה
- 2 כפות שמיר טרי קצוץ
- ¼ כפית מלח
- ¼ כפית פלפל שחור
- 3 כפות שמן זית

הוראות:
a) מחממים מראש את הטיגון האוויר ל-380 מעלות צלזיוס.
b) בקערה גדולה מערבבים את כל המרכיבים כך שהסלק מצופה היטב בשמן.
c) יוצקים את תערובת הסלק לסל הטיגון האוויר, וצולים 15 דקות לפני ערבוב, ולאחר מכן ממשיכים לצלות עוד 15 דקות.

21 . סלט מתאבן סלק

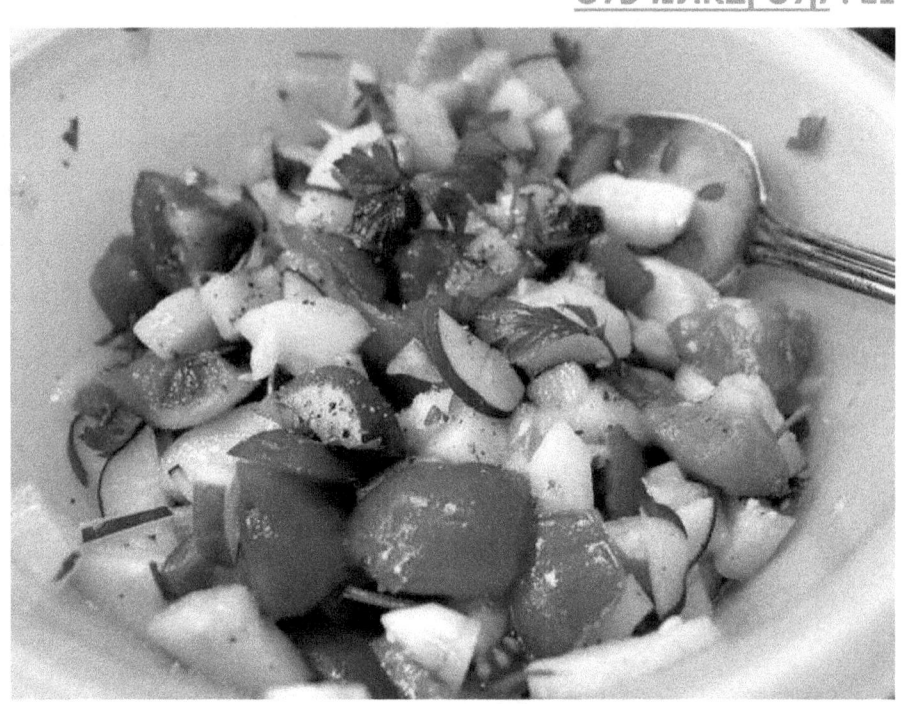

מכינה: 4 מנות

רכיבים

- 2 פאונד סלק
- מלח
- ½ כל בצל ספרדי חתוך לקוביות
- 4 עגבניות, מקולפות, זרעו וחתוכים לקוביות
- 2 כפות חומץ
- 8 כפות שמן זית
- זיתים שחורים
- 2 כל שיני שום, קצוצות
- 4 כפות פטרוזיליה איטלקית קצוצה
- 4 כפות כוסברה, קצוצה
- 4 תפוחי אדמה בינוניים, מבושלים
- מלח ופלפל
- פלפל אדום חריף

הוראות:

a) חותכים קצוות של סלק. שוטפים היטב ומבשלים במי מלח רותחים עד לריכוך. מסננים ומסירים את העור תחת מים קרים זורמים. קוביות.

b) מערבבים את חומרי הרוטב.

c) מערבבים סלק בקערת סלט עם הבצל, העגבנייה, השום הכוסברה והפטרוזיליה. יוצקים מעל מחצית מהרוטב, מערבבים בעדינות ומצננים 30 דקות. פורסים את תפוחי האדמה, מניחים בקערה רדודה ומערבבים עם יתרת הרוטב. לְצַנֵן.

d) כשמוכנים להרכבה, מסדרים סלק, עגבנייה ובצל במרכז קערה רדודה ומסדרים סביבם תפוחי אדמה בטבעת. מקשטים בזיתים.

22 . סירות סלק

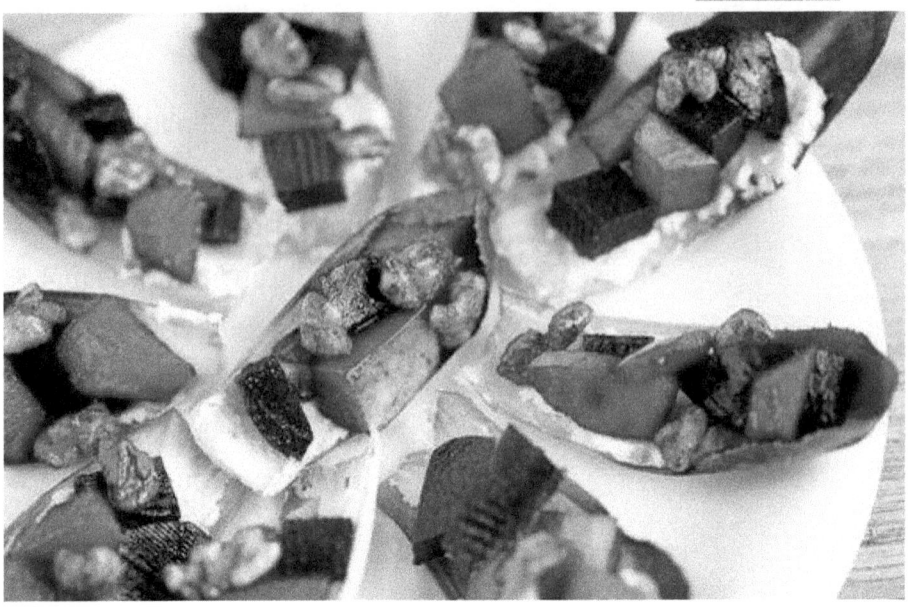

מכינה: 6 מנות

רכיבים:
- 8 סלק קטן
- 10 אונקיות של בשר סרטנים, משומר או טרי
- 2 כפיות פטרוזיליה טרייה טחונה
- 1 כפית מיץ לימון

הוראות:
a) מאודים סלק במשך 20-40 דקות, או עד לריכוך. שוטפים במים קרים, מקלפים ומצננים. בינתיים מערבבים בשר סרטנים, פטרוזיליה ומיץ לימון.
b) כשהסלק קריר, חצו את המרכזים עם כדור מלון, או כפית, וגרפו ממנו שקעים. ממלאים בתערובת סרטנים.
c) מגישים כמתאבן, או לארוחת צהריים יחד עם ירקות סלק מוקפצים.

23 . לביבות סלק

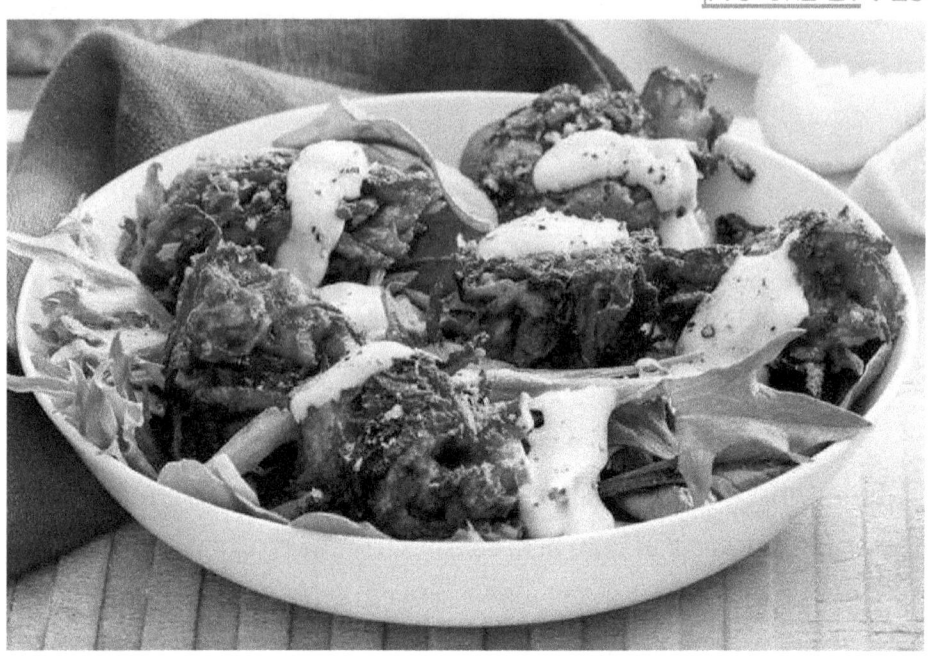

מכינה: 6 מנות

רכיבים:
- 2 כוסות סלק נא מגורר
- ¼ כוס בצל, חתוך לקוביות
- ½ כוס פירורי לחם
- 1 ביצה גדולה, טרופה
- ¼ כפית ג'ינג'ר
- מלח ופלפל לפי הטעם

הוראות:
a) מערבבים את כל החומרים. מוציאים מנות בגודל פנקייק על מחבת פסים חמה ומשומנת.

b) מבשלים עד להשחמה, הופכים פעם אחת.

c) מגישים בתוספת חמאה, שמנת חמוצה, יוגורט או כל שילוב של אלה.

24 . סלק ממולא

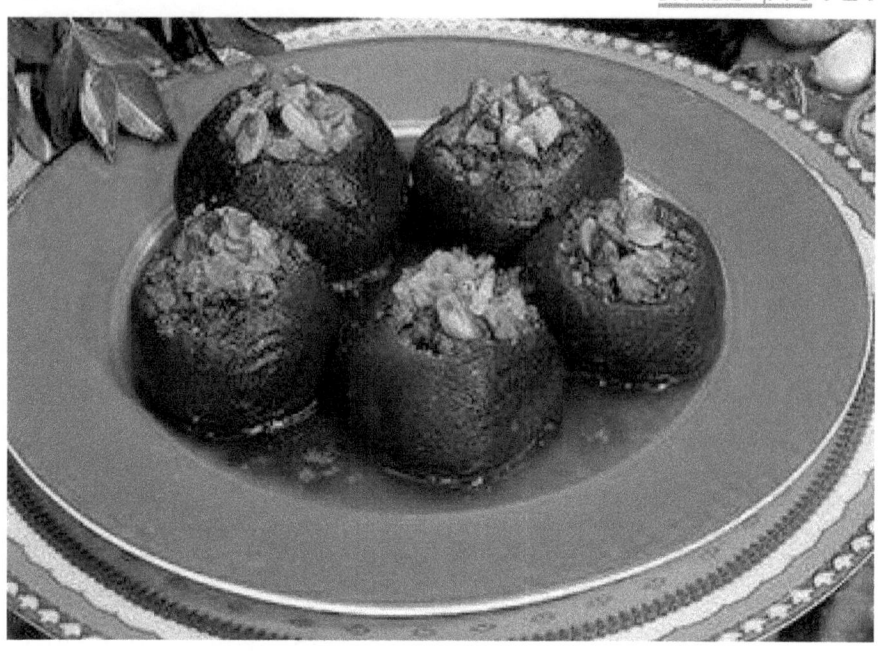

מכינה: 6 מנות

רכיבים:

- 6 סלק גדול
- 6 כפות גבינה חדה מגורדת
- 2 כפות פירורי לחם
- 2 כפות שמנת חמוצה
- 1 כף ריח חמוץ
- ½ כפית מלח
- ¼ כפית פלפל
- ¼ כוס חמאה
- ¼ כוס יין לבן

הוראות:

a) חללו סלק, או השתמשו בסלק ששימש להכנת קישוטים של קני ממתקים.
b) מבשלים את הסלק החלול במים מומלחים קלות עד לריכוך.
c) מצננים ומסירים את הקליפות. מחממים תנור ל-350F. מערבבים את הגבינה, פירורי הלחם, השמנת החמוצה, התבלין החמוצים והתבלינים.
d) ממלאים את הסלקים בתערובת זו ומניחים אותם בתבנית אפייה רדודה משומנת. מברישים בחמאה ואופים ללא כיסוי בתנור 350 F במשך 15 עד 20 דקות.
e) ממיסים את החמאה ומערבבים אותה עם היין הלבן ומבסים מדי פעם כדי לשמור על לחות.

25 . חומוס סלק צלוי

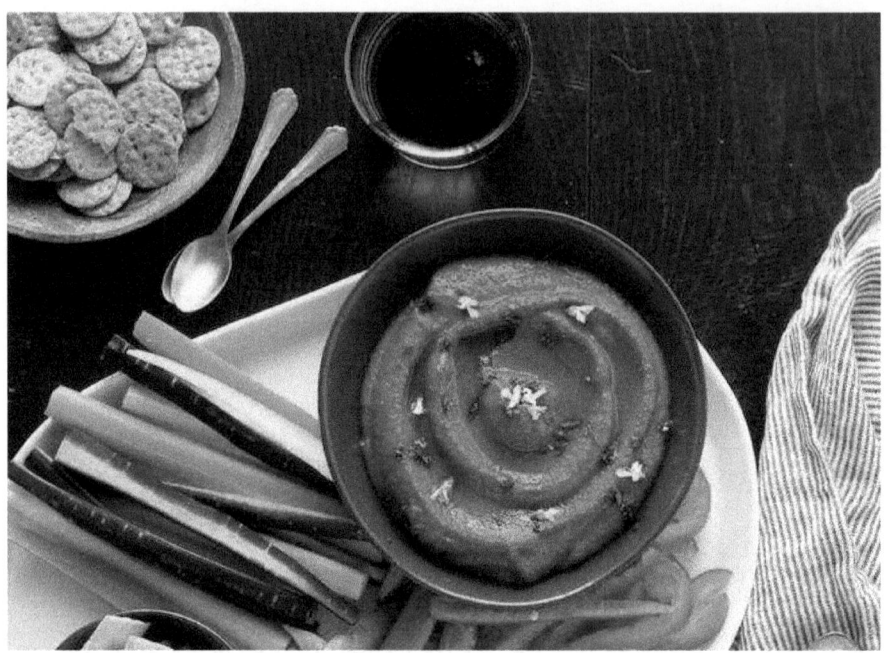

רכיבים:

1 סלק גדול, צלוי ומקולף
1 קופסת חומוס, סחוטה ושטופה
4/1 כוס טחינה
4/1 כוס מיץ לימון
2 שיני שום, קצוצות
4/1 כוס שמן זית
מלח ופלפל לפי הטעם
הוראות:

במעבד מזון, דופקים את הסלק הצלוי עד שהוא קצוץ דק.

מוסיפים את החומוס, הטחינה, מיץ הלימון והשום הטחון.

דופקים עד שהכל מתאחד.

בזמן שמעבד המזון פועל, מטפטפים פנימה באיטיות את שמן הזית.

מתבלים במלח ופלפל, לפי הטעם.

מגישים עם צ'יפס פיתה או ירקות לטבילה.

26 . קרוסטיני גבינת סלק ועזים

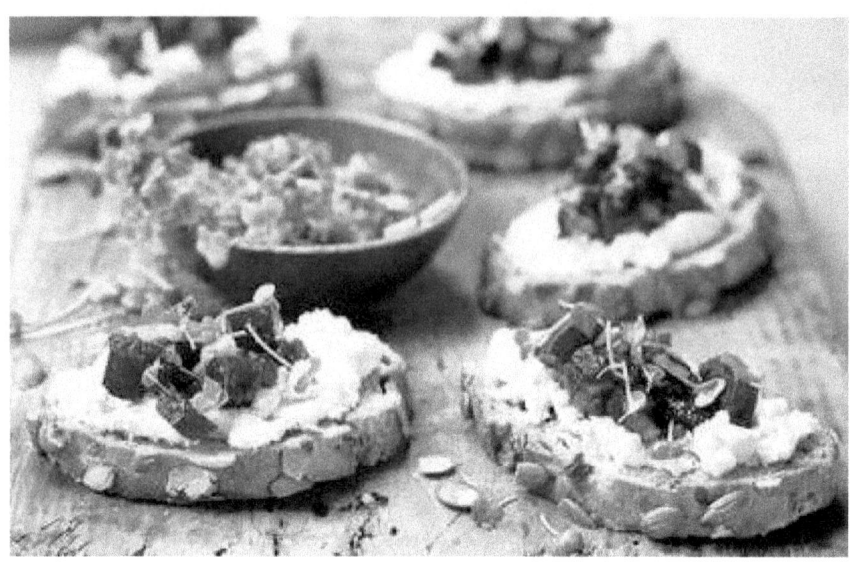

רכיבים:

1 באגט צרפתי, פרוס
1 סלק גדול, צלוי ופרוס
2 גרם גבינת עיזים
1 כף דבש
1 כף טימין טרי קצוץ
הוראות:

מחממים את התנור ל-375 מעלות צלזיוס.

מסדרים את פרוסות הבאגט על נייר אפייה וצולים בתנור במשך 5-7 דקות, או עד שהן מזהיבות קלות.

מורחים את גבינת העיזים על כל טוסט.

מניחים מעל את הסלק הצלוי.

מטפטפים דבש על פרוסות הסלק.

מפזרים טימין קצוץ.

מגישים מיד.

27 . מטבל סלק ופטה

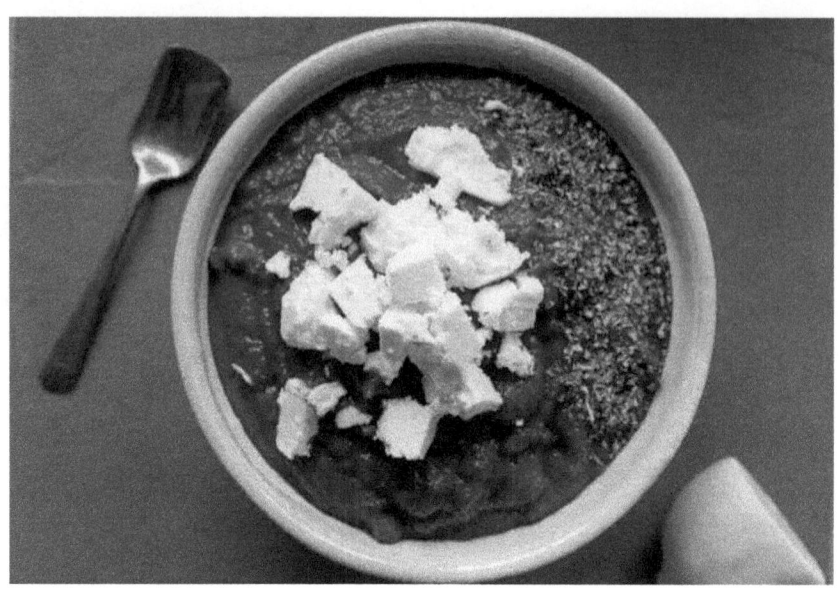

רכיבים:

1 סלק גדול, צלוי ומקולף
4 גרם גבינת פטה, מפוררת
4/1 כוס יוגורט יווני
1 כף מיץ לימון
2 שיני שום, קצוצות
2 כפות שמן זית
מלח ופלפל לפי הטעם
הוראות:

במעבד מזון, דופקים את הסלק הצלוי עד שהוא קצוץ דק.

מוסיפים את גבינת הפטה המפוררת, היוגורט היווני, מיץ הלימון והשום הטחון.

דופקים עד שהכל מתאחד.

בזמן שמעבד המזון פועל, מטפטפים פנימה באיטיות את שמן הזית.

מתבלים במלח ופלפל, לפי הטעם.

מגישים עם צ'יפס פיתה או ירקות לטבילה.

28 . טרטר סלק ואבוקדו

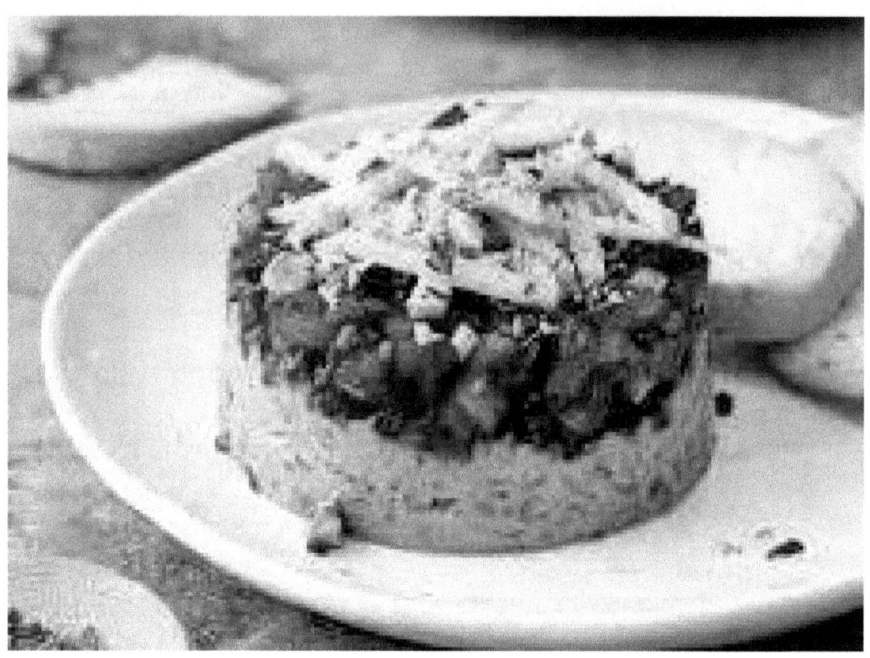

רכיבים:

1 סלק גדול, קלוף וחתוך לקוביות דקות
1 אבוקדו, קלוף וחתוך לקוביות דקות
4/1 כוס פטרוזיליה טרייה קצוצה
2 כפות שמן זית
1 כף מיץ לימון
מלח ופלפל לפי הטעם
הוראות:

בקערת ערבוב מערבבים את קוביות הסלק, האבוקדו והפטרוזיליה הקצוצה.

מזלפים את שמן הזית ומיץ הלימון על התערובת.

מתבלים במלח ופלפל, לפי הטעם.

מערבבים בעדינות הכל יחד.

מגישים מיד.

29 . לביבות סלק וגזר

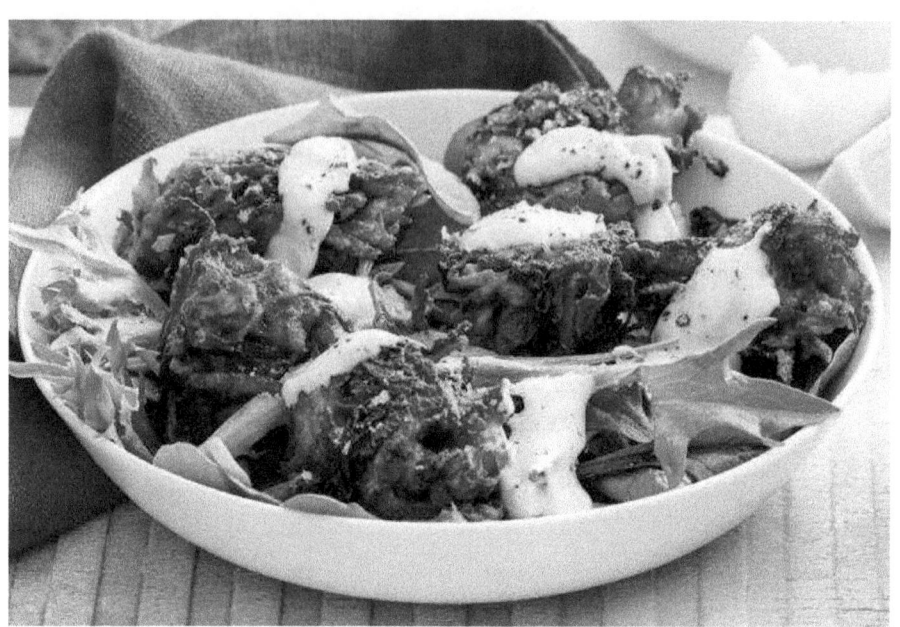

רכיבים:

2 סלק בינוני, מגורר
2 גזרים בינוניים, מגוררים
2/1 בצל, קצוץ דק
4/1 כוס קמח
4/1 כוס פירורי לחם
1 ביצה, טרופה
2 כפות שמן זית
מלח ופלפל לפי הטעם
הוראות:

מערבבים בקערת מיקסר את הסלק המגורר, הגזר המגורר, הבצל הקצוץ דק, הקמח, פירורי הלחם והביצה הטרופה.

מתבלים במלח ופלפל, לפי הטעם.

מערבבים הכל יחד עד לקבלת תערובת אחידה.

מחממים שמן זית במחבת גדולה על אש בינונית.

בעזרת כף או כף עוגיות, זורקים חלקים קטנים מהתערובת למחבת החמה.

מטגנים עד להזהבה משני הצדדים, כ-2-3 דקות לכל צד.

מסננים על נייר סופג ומגישים חם.

30 . סלט סלק ותפוח

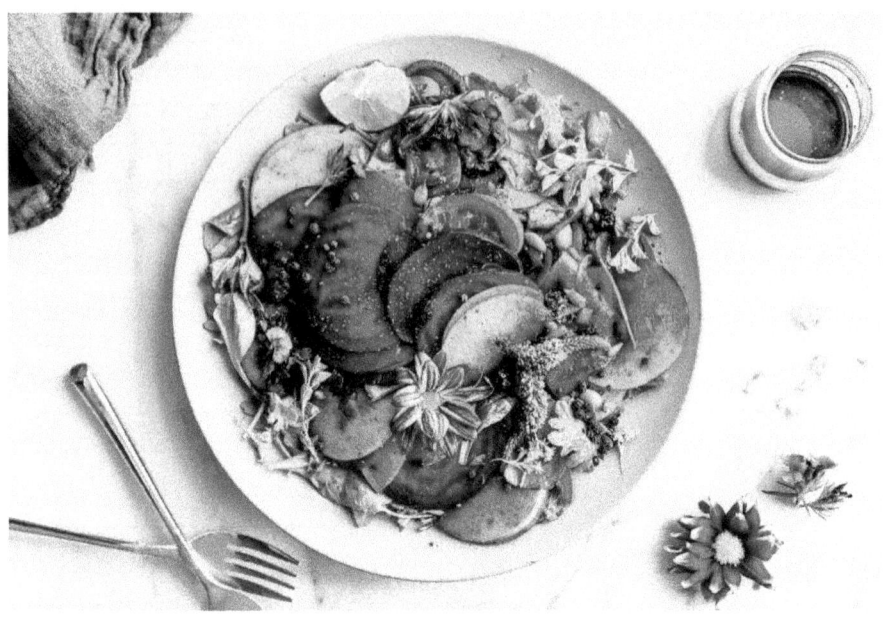

רכיבים:

2 סלקים גדולים, צלויים וחתוכים לקוביות
2 תפוחים בינוניים, חתוכים לקוביות
4/1 כוס אגוזי מלך קצוצים
4/1 כוס גבינה כחולה מפוררת
2 כפות שמן זית
1 כף דבש
1 כף חומץ תפוחים
מלח ופלפל לפי הטעם
הוראות:

מערבבים בקערת מיקסר את הסלק הקלוי והחתוך לקוביות, תפוחים חתוכים לקוביות, אגוזי מלך קצוצים וגבינה כחולה מפוררת.

בקערת ערבוב קטנה נפרדת, טורפים יחד את שמן הזית, הדבש, חומץ התפוחים, המלח והפלפל.

יוצקים את הרוטב על הסלט ומערבבים עד לקבלת תערובת אחידה.

מגישים מיד.

31 . מטבל סלק עם פטה וגעגוע

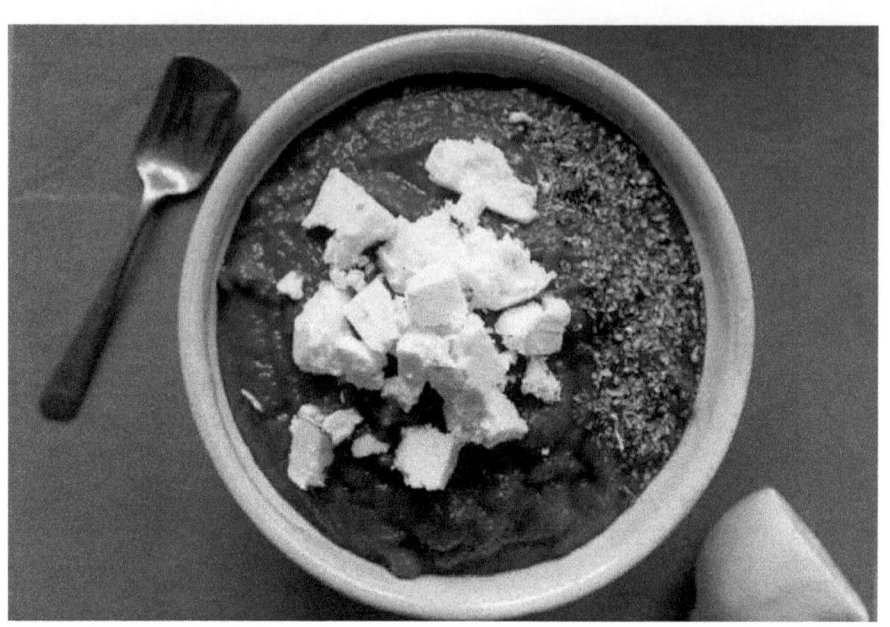

רכיבים:

1 סלק גדול, צלוי ומקולף
2 גרם גבינת פטה, מפוררת
4/1 כוס יוגורט יווני
2 כפות נענע טרייה, קצוצה
1 שן שום, קצוצה
2 כפות שמן זית
מלח ופלפל לפי הטעם
הוראות:

במעבד מזון, דופקים את הסלק הצלוי עד שהוא קצוץ דק.

מוסיפים את גבינת הפטה המפוררת, היוגורט היווני, הנענע הטרייה הקצוצה והשום הטחון.

דופקים עד שהכל מתאחד.

בזמן שמעבד המזון פועל, מטפטפים פנימה באיטיות את שמן הזית.

מתבלים במלח ופלפל, לפי הטעם.

מגישים עם קרקרים או פיתות לטבילה.

32 . קציצות סלק וחומוס

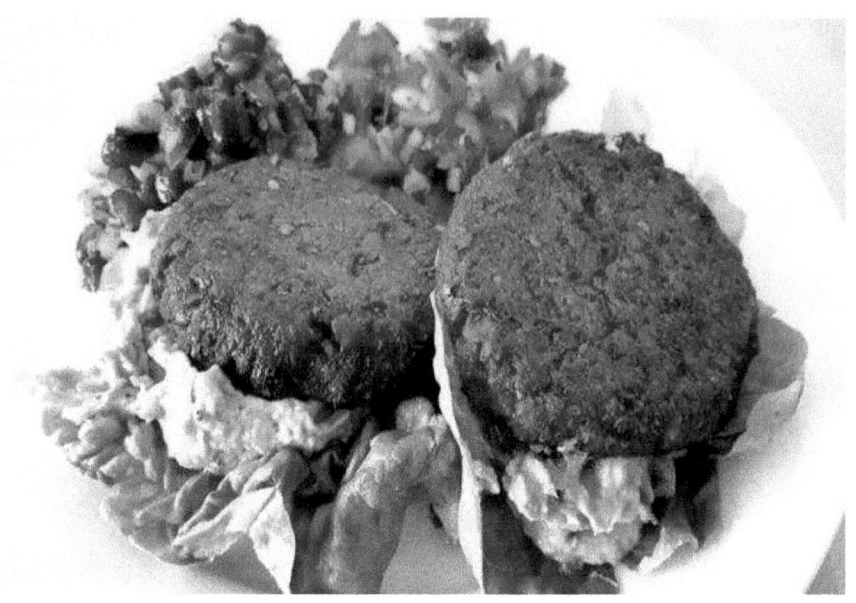

רכיבים:

1 סלק גדול, צלוי ומגורר
1 קופסת חומוס, סחוטה ושטופה
2/1 בצל, קצוץ דק
4/1 כוס קמח
4/1 כוס פירורי לחם
1 ביצה, טרופה
2 כפות שמן זית
מלח ופלפל לפי הטעם
הוראות:

מערבבים בקערת מיקסר את הסלק המגורר, חומוס, בצל קצוץ דק, קמח, פירורי לחם וביצה טרופה.
2. מתבלים במלח ופלפל, לפי הטעם.

מערבבים הכל יחד עד לקבלת תערובת אחידה.
יוצרים מהתערובת קציצות קטנות.
מחממים שמן זית במחבת גדולה על אש בינונית.
מוסיפים את הקציצות למחבת החמה ומטגנים עד להזהבה משני הצדדים, כ-3-2 דקות לכל צד.
מסננים על נייר סופג ומגישים חם.

מנה עיקרית

33. מקרל ספרדי בגריל עם תפוחים וסלק

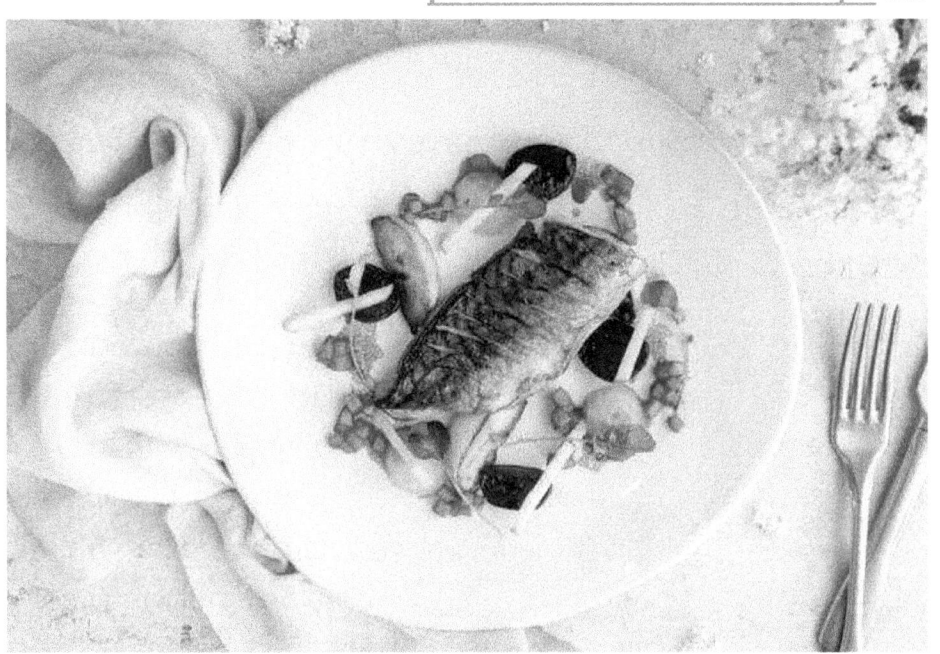

מכינה: 4 מנות

רכיבים

● 2 מקרלים ספרדיים (בערך 2 פאונד כל אחד), קשקשים ומנוקים, עם זימים הוסרו
● 2¼ כוסות תמלחת שומר
● 1 כף שמן זית
● 1 בצל בינוני, קצוץ דק
● 2 סלק בינוני, צלוי, מבושל, צלוי או משומר; קצוץ דק
● 1 תפוח חריף, קלוף, בליעה וקצוץ דק
● 1 שן שום, קצוצה
● 1 כף שמיר טרי או קצח קצוץ דק
● 2 כפות גבינת עיזים טרייה
● 1 ליים חתוך ל-8 חתיכות

הוראות:

a) שוטפים את הדג ומכניסים אותו לשקית 1 ליטר עם נעילת רוכסן עם המלח, לוחצים החוצה את האוויר ואוטמים את השקית. מקררים במשך 2 עד 6 שעות.

b) מחממים את השמן במחבת גדולה על אש בינונית. מוסיפים את הבצל ומטגנים עד לריכוך, כ-3 דקות. מוסיפים את הסלק והתפוח ומקפיצים עד שהתפוח רך, כ-4 דקות. מערבבים פנימה את השום והשמיר ומחממים עד כדקה. מצננים את התערובת לטמפרטורת החדר ומערבבים פנימה את גבינת העיזים.

c) בינתיים מדליקים גריל לחום בינוני ישיר, בערך 375ºF.

d) מוציאים את הדג מהמלח ומייבשים. השליכו את המלח. ממלאים את חללי הדג בתערובת הסלק והתפוחים המצוננים ומהדקים בחוט, במידת הצורך.

e) מברישים את גריל הגריל ומצפים אותו בשמן. צולים את הדג עד שהעור פריך והדג נראה אטום על פני השטח, אך הוא עדיין צמיגי ולח באמצע (130¼F במדחום לקריאה מיידית), 5 עד 7 דקות לכל צד. מוציאים את הדג לצלחת הגשה ומגישים עם פלחי הליים.

עושה: 4

רכיבים:
- 50 גרם חמאה
- 1 בצל, קצוץ דק
- 250 גרם אורז ריזוטו
- 150 מ"ל יין לבן
- ציר ירקות 1 ליטר
- 300 גרם סלק מבושל
- 1 לימון, קלוד ומיץ
- פטרוזיליה שטוחה צרור קטן, קצוץ גס
- 125 גרם גבינת עיזים רכה
- חופן אגוזי מלך, קלויים וקצוצים

הוראות:
a) ממיסים את החמאה במחבת עמוקה ומטגנים את הבצל עם מעט תיבול במשך 10 דקות עד שהוא רך. מטה את האורז ומערבבים עד שכל גרגר מצופה, ואז יוצקים פנימה את היין ומבעבעים במשך 5 דקות.

b) מוסיפים את הציר מצקת בכל פעם, תוך כדי ערבוב, רק לאחר שהמנה הקודמת נספגה.

c) בינתיים, קח ½ מהסלק וטורף אותו בבלנדר קטן עד לקבלת תערובת חלקה, וקוצצים את השארית.

d) לאחר שהאורז מבושל, מערבבים את הסלק המוקצף והקצוץ, גרידת הלימון ומיץ, ואת רוב הפטרוזיליה. מחלקים בין הצלחות ומעליהם פירור גבינת עיזים, אגוזי מלך ושארית הפטרוזיליה.

35. סלק סליידרים עם מיקרו ירוקים

מכינה: 4 מנות

רכיבים:
סלק
- 1 שן שום, מרוסקת מעט וקלופה
- 2 גזרים קלופים, קצוצים
- קורט מלח ופלפל
- 1 בצל, קלוף וחתוך לרבעים
- 4 סלק
- 1 כף זרעי קימל
- 2 גבעולי סלרי שטופים, גזומים

הלבשה:
- ½ כוס מיונז
- ⅓ כוס חלב חמאה
- ½ כוס פטרוזיליה קצוצה, עירית, טרגון או טימין
- 1 כף מיץ לימון סחוט טרי
- 1 כפית ממרח אנשובי
- 1 שן שום קצוצה
- מלח פלפל

ציפוי:
- לחמניות סליידר
- 1 בצל אדום פרוס דק
- חופן מיקרו ירוקים מעורבים

הוראות:
הלבשה
a) שלבו חלב חמאה, עשבי תיבול, מיונז, מיץ לימון, ממרח אנשובי, שום, מלח ופלפל.
סלק

b) בתנור הולנדי מרתיחים סלק, סלרי, גזר, בצל, שום, זרעי קימל, מלח ופלפל למשך 55 דקות.

c) קולפים את הסלקים ופורסים אותם לפרוסות.

d) מטגנים פרוסות סלק במשך 3 דקות מכל צד במחבת מצופה בריסוס.

להרכיב

e) מסדרים את הלחמניות על צלחת, ומעליהן סלק, ויניגרט, בצל אדום ומיקרו ירוקים.

f) תהנה.

עושה: 4

רכיבים:

- 2 סלק ספירלי
- 4 גרם גבינת עיזים מרוככת
- ½ כוס ארוגולה מיקרוגרינס קצוץ קלות
- ½ כוס אמרנט מיקרו ירוקים קצוצים קלות
- 1 קילו שרימפס
- 1 כוס אגוזי מלך קצוצים
- ¼ כוס סוכר קנים גולמי
- 1 כף חמאה
- 2 כפות שמן זית כתית מעולה

הוראות:

a) מניחים גבינת עיזים לריכוך למשך 30 דקות לפני שמתחילים בהכנות.

b) מחממים תנור ל-375 מעלות

c) מחממים מחבת על אש בינונית.

d) מוסיפים למחבת אגוזי מלך, סוכר וחמאה ומערבבים לעתים קרובות על אש מתונה.

e) מערבבים כל הזמן ברגע שהסוכר מתחיל להמיס.

f) לאחר שהאגוזי מלך מצופים מיד מעבירים אותם לגיליון נייר פרגמנט ומפרידים את האגוזים כדי שלא יתקשות הדבוקות יחד. לְהַפְרִישׁ

g) חותכים סלק לספירלות.

h) לזרוק ספירלות עם שמן זית ומלח ים.

i) פורשים סלק על תבנית ואופים בתנור במשך 20 - 25 דקות.

j) שוטפים את השרימפס ומוסיפים לסיר.

k) ממלאים מחבת במים ומלח ים. להביא לרתיחה.

l) מסננים מים ומכניסים אותם לאמבט קרח כדי להפסיק את הבישול.

m) חותכים וקוצצים קלות מיקרו-ירוקים של ארוגולה. לְהַפְרִישׁ.

n) מוסיפים מיקרוגרין לגבינה מרוככת, משאירים בצד כמה קורטות מכל מיקרוגרין.

o) מערבבים מיקרו ירוקים וגבינה.

p) מגרדים את תערובת הגבינה לכדור.

q) סלק צלחת.

r) מוסיפים כף גבינה על גבי הסלק.

s) מניחים אגוזי מלך מסביב לצלחת.

t) מוסיפים שרימפס ומפזרים את יתרת המיקרוגרינס, מלח ופלפל גרוס.

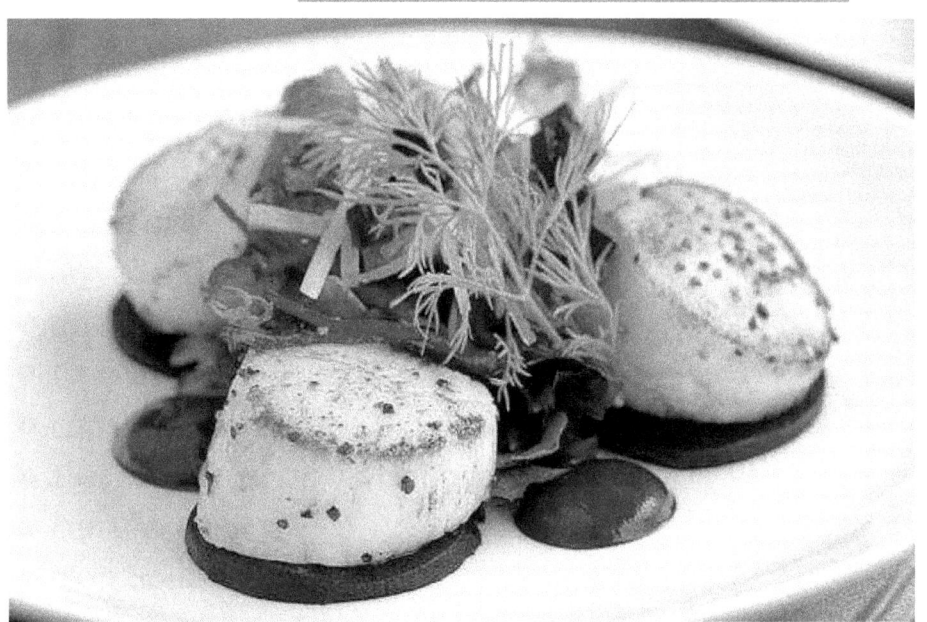

מכינה: 4 מנות

רכיבים:

- 1¼ כוס מיץ סלק טרי
- שמן זית פירותי
- 1 כפית חומץ יין לבן
- מלח כשר; לטעום
- פלפל שחור טחון טרי; לטעום
- 1¼ פאונד צדפות ים טריות
- כמה טיפות מיץ לימון טרי
- 1 קילו עלי קייל צעירים; הליבה המרכזית הקשה הוסר
- כמה טיפות חומץ שרי
- עירית טרייה; לחתוך למקלות
- קוביות זעירות של פלפל צהוב

הוראות:

a) מניחים מיץ סלק בסיר לא מגיב ומרתיחים עד לצמצום לכחצי כוס.

b) מהאש, מקציפים 2 עד 3 כפות שמן זית לאט לצמצום כדי להסמיך את הרוטב. טורפים פנימה חומץ יין לבן, מלח ופלפל לפי הטעם. להניח בצד ולשמור על חום.

c) משמנים קלות את הצדפות ומתבלים במלח, פלפל וכמה טיפות מיץ לימון.

d) מברישים את עלי הקייל בשמן ומתבלים קלות. צולים קייל משני הצדדים עד שהעלים נחרכים מעט ומבושלים.

e) צולים צדפות רק עד שהן מבושלות (המרכז צריך להיות מעט אטום). מסדרים קייל בצורה מושכת במרכז הצלחות החמות ומטפטפים מעליו כמה טיפות חומץ שרי.

f) מניחים מעל צדפות וכפות רוטב סלק מסביב. מקשטים במקלות עירית ופלפל צהוב ומגישים מיד.

עושה: 6

רכיבים

- 2 סלק אדום או צהוב (בערך 1½ פאונד בסך הכל), או 1½ קילו בייבי סלק, גבעולים ועלים שמורים
- שמן זית כתית
- מלח כשר
- 10 כוסות ציר עוף
- 2 כפות חמאה ללא מלח
- 1 כוס בצל צהוב טחון (בערך 1 בצל בינוני)
- 2 שיני שום, קצוצות
- 2 כוסות שעורה פנינה
- ½ כוס יין לבן יבש (כגון סוביניון בלאן או פינו גריג'יו)
- ¼ כוס קרם פרש
- 2 כפיות חומץ יין אדום
- פלפל שחור טחון טרי
- ¼ פאונד גבינת ריקוטה סלטה, מגוררת

הוראות

a) מכינים את הסלק. מחממים את התנור ל-425 מעלות צלזיוס. שוטפים היטב את הגבעולים והירוקים (העלים). פורסים דק את הגבעולים וקוצצים גס את העלים תוך שמירה על הפרדה. חתוך את קצוות הגבעול של הנורות; לשפשף היטב את הנורות מתחת למים קרים.

b) צולים ומגררים את הסלק. מסדרים את פקעות הסלק בתבנית אפייה קטנה. הוסף מספיק מים כדי להגיע עד אמצע דפנות הסלק. מזלפים שמן זית ומתבלים בנדיבות במלח. מכסים את תבנית האפייה בנייר אלומיניום וסוגרים היטב. צולים במשך שעה, או עד לריכוך כאשר מחוררים במזלג. כאשר קריר מספיק כדי להתמודד, אבל עדיין חם, השתמש במגבת נייר ובאצבעותיך כדי לשפשף בעדינות את הקליפה מהסלק; לזרוק את העורות. משתמשים במגרדת קופסה כדי לגרד גס את הסלק. לְהַפְרִישׁ.

c) מבשלים את ירקות הסלק. בזמן שהסלק צולים, מחממים סיר עם מים מומלחים לרתיחה גבוהה. מוסיפים את עלי הסלק הקצוצים (העלים) ומבשלים במשך 4 עד 6 דקות, עד שהם מתרככים. מעבירים למסננת דקה לניקוז; השתמש בכף כדי ללחוץ על הירוקים כדי לשחרר כמה שיותר נוזלים. לְהַפְרִישׁ.

d) מחממים את הציר ומזיעים את הארומטים. בסיר, מחממים את ציר העוף לרתיחה בינונית. מכבים את האש. בסיר גדול עם דפנות גבוהות מחממים 2 כפות שמן זית ו-1 כף מהחמאה על בינוני-נמוך עד שהחמאה נמסה. מוסיפים את הבצל, השום וגבעולי הסלק ומתבלים במלח. מבשלים, תוך ערבוב מדי פעם, במשך 3 עד 5 דקות, עד לריכוך וריחני אך לא שחום.

e) צולים את השעורה. מוסיפים את השעורה. מבשלים, תוך ערבוב מדי פעם, במשך 4 עד 6 דקות, עד שהשעורה מתחילה להתנפח מעט. מוסיפים את היין ומבשלים, תוך ערבוב תכוף, במשך 30 שניות עד דקה אחת, עד לספיגה. מתבלים במלח ומערבבים לאיחוד.

f) מוסיפים את הציר. מוסיפים 2 כוסות מהציר ומבשלים תוך ערבוב תכוף במשך 8 עד 10 דקות, עד שרוב הנוזלים נספגים. חוזרים על הפעולה עם 8 כוסות הציר הנותרות, מוסיפים את הציר 2 כוסות בכל פעם ומערבבים עד שרוב הנוזלים נספגים לפני כל הוספה, למשך 22 עד 28 דקות בסך הכל.

g) מסיימים את הריזוטו. מוסיפים את הסלק המגורר ומבשלים, תוך ערבוב תכוף, במשך 2 עד 3 דקות, עד לקבלת תערובת אחידה. מוסיפים את ירקות הסלק ומתבלים במלח. מבשלים, תוך ערבוב תכוף, במשך 30 שניות עד דקה אחת, עד להתחממות. מוסיפים את הקרם פרש, את 1 כף החמאה הנותרת ואת החומץ. מבשלים, תוך ערבוב מתמיד, במשך 2 עד 3 דקות, עד לאיחוד יסודי ומסמיך. מסירים מהאש. מתבלים במלח ופלפל. מעבירים לכלי הגשה, מעל גבינה ומגישים.

38 . עוף ממולא סלק ופטה

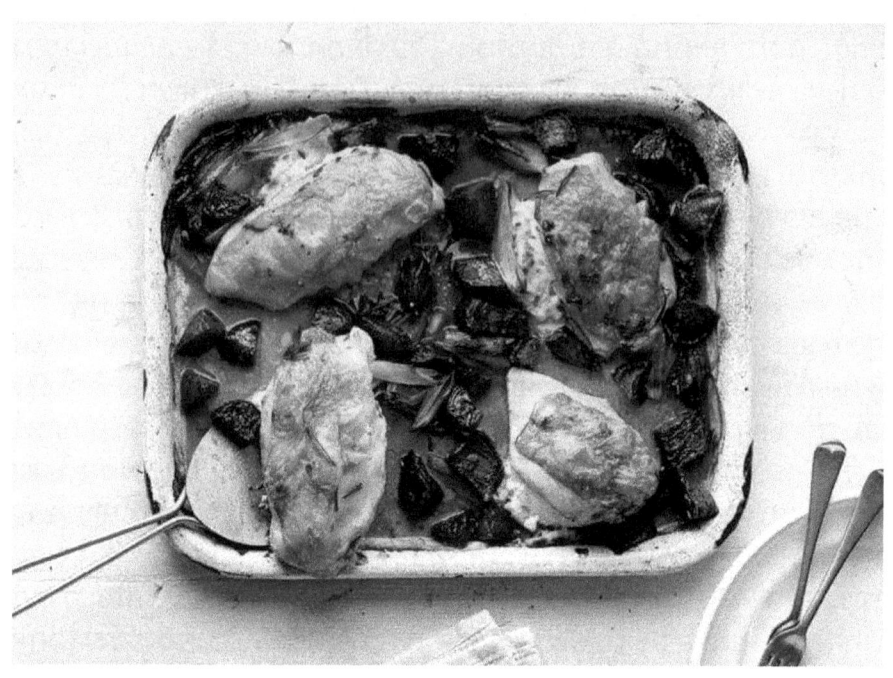

רכיבים:

4 חזה עוף ללא עצמות וללא עור
1 סלק גדול, צלוי ומגורר
4 גרם גבינת פטה, מפוררת
4/1 כוס פטרוזיליה טרייה קצוצה
2 שיני שום, קצוצות
2 כפות שמן זית
מלח ופלפל לפי הטעם
הוראות:

מחממים את התנור ל-375 מעלות צלזיוס (190 מעלות צלזיוס).

מערבבים בקערת ערבוב את הסלק המגורר, גבינת פטה מפוררת, פטרוזיליה טרייה קצוצה, שום טחון, שמן זית, מלח ופלפל.

פורסים כיס בצד של כל חזה עוף.

ממלאים כל חזה עוף בתערובת הסלק והפטה.

אבטח את הכיסים בעזרת קיסמים.

מחממים מחבת גדולה על אש בינונית-גבוהה.

מוסיפים את חזה העוף הממולאים למחבת ומבשלים 3-4 דקות לכל צד, עד להזהבה.

מעבירים את חזה העוף לתבנית אפייה.

אופים 20-25 דקות או עד שהעוף מוכן.

הגש חם.

39 . ריזוטו סלק ופטריות

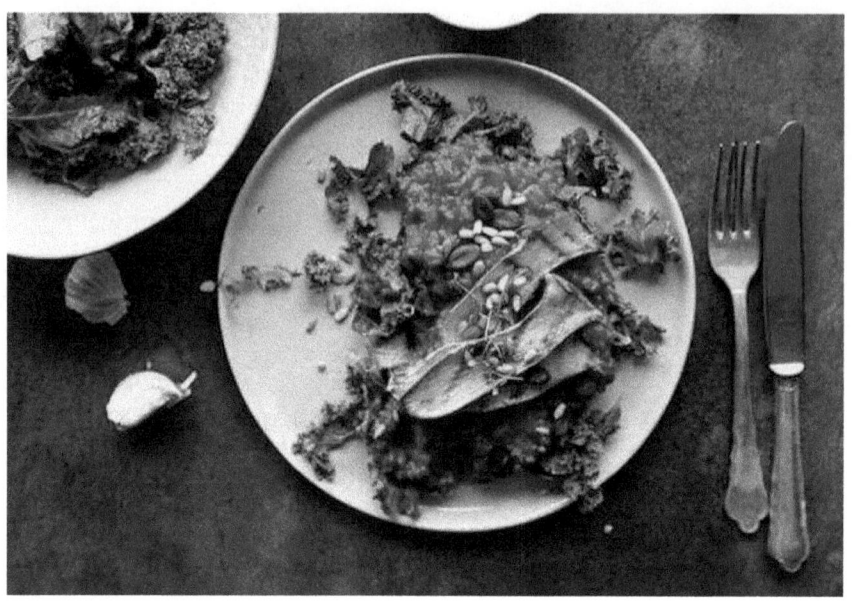

רכיבים:

1 סלק גדול, צלוי וחתוך לקוביות
8 גרם פטריות, פרוסות
1 בצל, קצוץ דק
2 שיני שום, קצוצות
1 כוס אורז ארבוריו
2/1 כוס יין לבן
3 כוסות ציר ירקות
4/1 כוס גבינת פרמזן מגוררת
2 כפות חמאה
2 כפות שמן זית
מלח ופלפל לפי הטעם
הוראות:

בסיר גדול מחממים את שמן הזית על אש בינונית.

מוסיפים את הבצל הקצוץ דק והשום הטחון ומטגנים עד שהם רכים ושקופים.

מוסיפים את הפטריות הפרוסות ואת קוביות הסלק הצלוי ומערבבים עד לאיחוד.

מוסיפים את אורז הארבוריו ומערבבים עד שהאורז מצופה בשמן.

מוסיפים את היין הלבן ומערבבים עד שהיין נטמע.

מוסיפים את ציר הירקות בהדרגה, מצקת אחת בכל פעם, תוך כדי ערבוב רצוף עד שכל מצקת ציר נטמעת לפני שמוסיפים את הבאה.

ממשיכים לבשל את הריזוטו עד שהאורז רך וקרמי.

מסירים מהאש ומערבבים פנימה את גבינת הפרמזן המגוררת והחמאה.

מתבלים במלח ופלפל, לפי הטעם.

מגישים מיד.

40 . ריזוטו גבינת סלק ועיזים

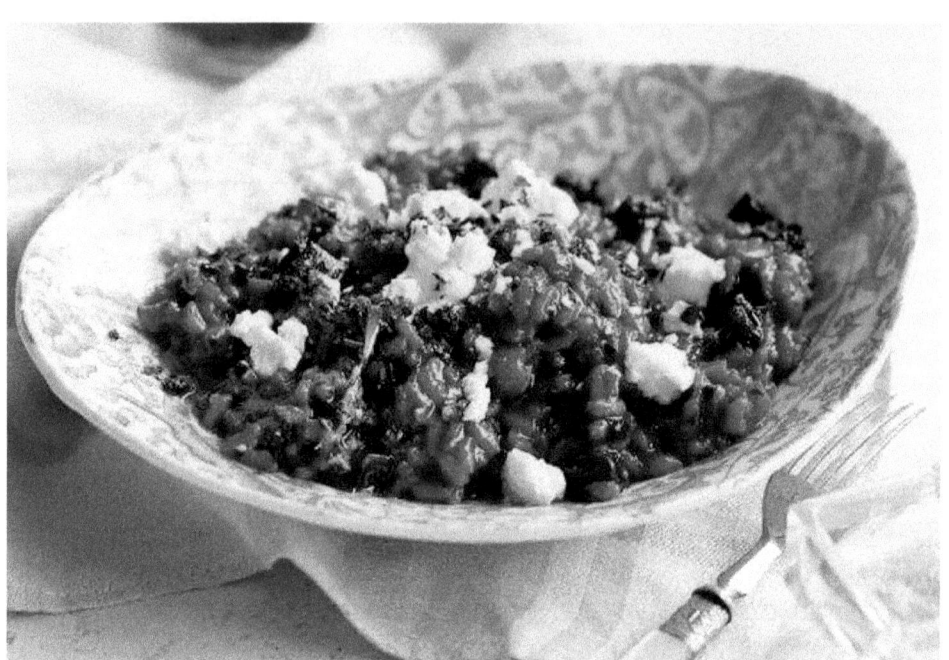

רכיבים:

2 סלקים גדולים, צלוי ומגורר
1 בצל, חתוך לקוביות
2 שיני שום, קצוצות
1 כוס אורז ארבוריו
2/1 כוס יין לבן
4 כוסות מרק ירקות
4 גרם גבינת עיזים
2 כפות שמן זית
מלח ופלפל לפי הטעם
הוראות:

בסיר גדול מחממים את שמן הזית על אש בינונית.

מוסיפים את קוביות הבצל והשום הטחון ומאדים עד שהם רכים ושקופים.

מוסיפים את אורז הארבוריו ומערבבים עד שהוא מצופה בשמן.

מוסיפים את היין הלבן ומערבבים עד לאיחוד.

מוסיפים את מרק הירקות, כוס אחת בכל פעם, תוך כדי ערבוב מתמיד ומאפשרים למרק להיספג לפני הוספת הכוס הבאה.

כשהאורז מבושל מוסיפים את הסלק הצלוי המגורר ומערבבים עד לאיחוד.

מוסיפים את גבינת העיזים ומערבבים עד להמסה.

מתבלים במלח ופלפל, לפי הטעם.

מגישים מיד.

41 . מוקפצים סלק ופטריות

רכיבים:

2 סלקים גדולים, קלופים וזולים
1 כוס פטריות פרוסות
1 בצל, פרוס
2 שיני שום, קצוצות
1 כף ג'ינג'ר מגורר
2 כפות רוטב סויה
2 כפות שמן שומשום
2 כפות שמן זית
מלח ופלפל לפי הטעם
הוראות:

ב ווק או מחבת גדולה מחממים את שמן הזית ושמן השומשום על אש גבוהה.

מוסיפים את הסלק הג'וליאן ומטגנים תוך ערבוב במשך 2-3 דקות.

מוסיפים את הפטריות הפרוסות, הבצל הפרוס, השום הטחון והג'ינג'ר המגורר ומטגנים תוך ערבוב למשך 2-3 דקות נוספות.

מוסיפים את רוטב הסויה ומטגנים תוך ערבוב עוד 1-2 דקות.

מתבלים במלח ופלפל, לפי הטעם.

מגישים עם אורז או אטריות.

סלטים

42. סלק עם גרמולטה בתומה

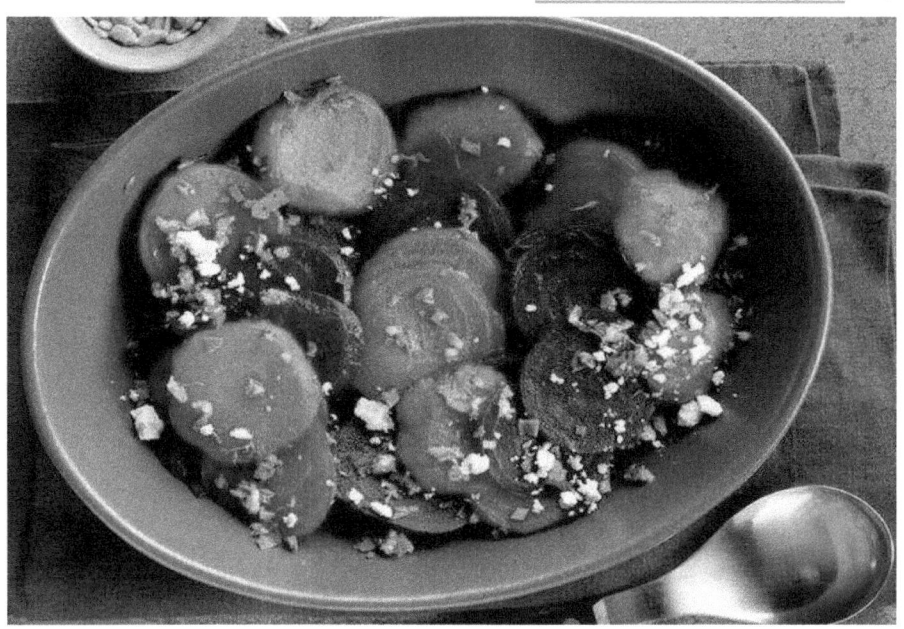

מכינה: 12 מנות

רכיבים:

- 3 סלק זהוב, גזוז
- 2 כפות מיץ ליים
- 1 כפית גרידת תפוז
- 2 כפות גרעיני חמניות
- 1 כף פטרוזיליה טחונה
- 3 כפות גבינת עיזים
- 1 כף מרווה טחונה
- 2 כפות מיץ תפוזים
- 1 שן שום, קצוצה

הוראות:

a) מחממים את האייר פרייר ל-400. מקפלים נייר כסף כבד מסביב לסלק ומניחים אותם על מגש בסלסלת האייר פרייר.

b) מבשלים עד לריכוך, 50 דקות. קולפים, חוצים ופורסים סלק; מניחים בקערה.

c) מוסיפים מיץ ליים, מיץ תפוזים ומלח.

d) מפזרים פטרוזיליה, מרווה, שום וגרידת תפוז, ומעל גבינת עיזים וגרעיני חמניות.

43 . סלק עם ירוקים ומשמשים

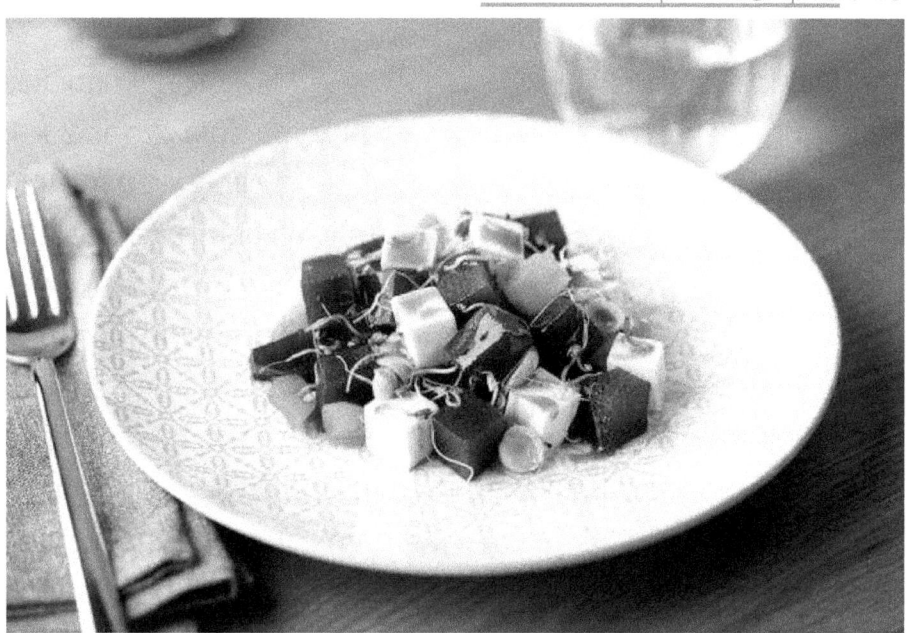

מכינה: 4 מנות

רכיבים:
- 1 צרור סלק בינוני עם ירקות
- 1/3 כוס מיץ לימון טרי
- 2 כפות סוכר חום בהיר
- ½ כוס משמשים מיובשים
- מלח ופלפל שחור גרוס טרי

הוראות:

a) מחממים את התנור ל-400 מעלות צלזיוס. הסר את הירוקים מהסלקים ושטפו אותם היטב, ואז חתכו אותם לרוחב לרצועות ברוחב חצי סנטימטר. לְהַפְרִישׁ. מקרצפים היטב את הסלק.

b) עוטפים את הסלקים היטב בנייר אלומיניום ואופים עד שהם רכים, כשעה.

c) בזמן שהסלקים צולים, מניחים את המשמשים בקערה קטנה חסינת חום ומכסים אותם במים רותחים לריכוך כ-10 דקות. מסננים וחותכים לרצועות דקות ומניחים בצד.

d) כשהסלקים צלויים, פותחים אותם ומניחים בצד להתקרר. כשהם מתקררים מספיק כדי להתמודד, קולפים את הסלק וחותכים אותם לפרוסות בעובי של 1/4 סנטימטר, ומניחים בצד.

e) בסיר קטן מערבבים את מיץ הלימון, הסוכר והמשמשים הפרוסים ומביאים לרתיחה. מנמיכים את האש לנמוכה ומבשלים 5 דקות. לְהַפְרִישׁ.

f) מניחים את הירוקים השמורים במחבת עם 2 כפות מים. מכסים ומביאים לרתיחה, ואז מנמיכים את האש לבינונית ומבשלים עד שהירקות נבולים והנוזל מתאדה כ-2 דקות. מערבבים את תערובת המשמש-לימון לתוך הירוקים ומתבלים במלח ופלפל לפי הטעם. מוסיפים את פרוסות הסלק ומבשלים עד שהם מתחממים כ-3 דקות. מגישים מיד.

44 . סלט שומר סלק

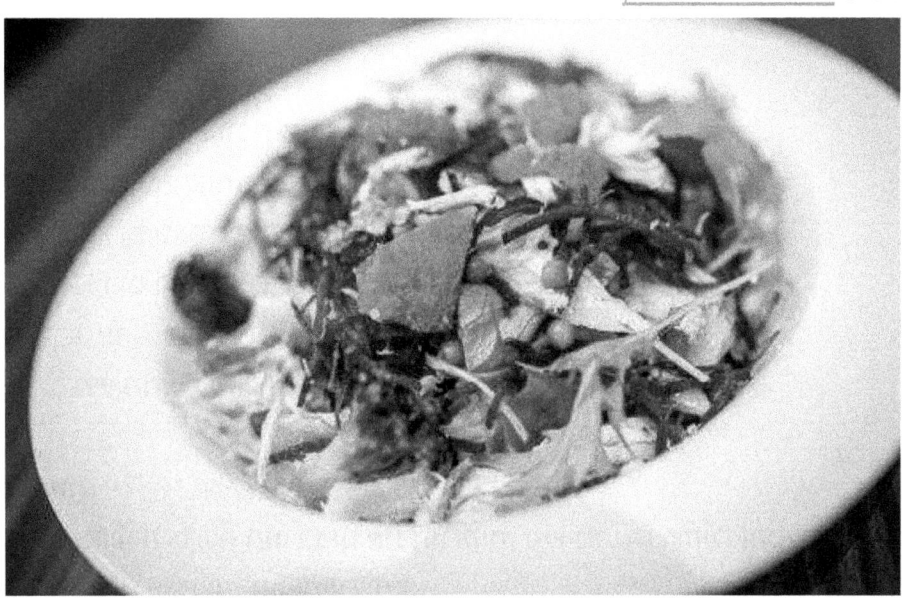

מכינה: 2 מנות

רכיבים:

- 3 כוסות ירקות קצוצים
- ¼ פקעת שומר, פרוסה דק
- ½ כוס פרחי ברוקולי מבושלים קצוצים
- ½ כוס סלק קצוץ
- 1 עד 2 כפות שמן זית כתית מעולה
- מיץ מחצי לימון

הוראות:

a) בקערה גדולה מערבבים את הירוקים, השומר, הברוקולי והסלק.

b) לזרוק עם שמן זית ומיץ לימון.

45 . סלט אגוזי סלק

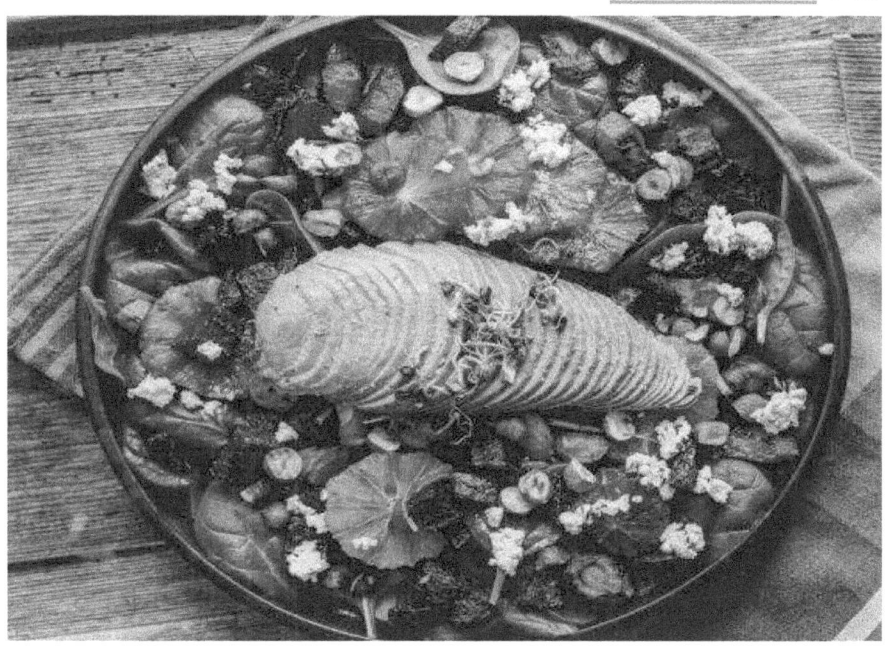

מכינה: 2 מנות

רכיבים:
- 2 כוסות בייבי תרד
- ½ אבוקדו, חתוך לקוביות
- 1 כוס סלק, חתוך לקוביות
- ¼ כוס אגוזי לוז
- 2 כפות שמן זית כתית מעולה
- 1 כף חומץ בלסמי

הוראות:

a)   שמים בקערה תרד, אבוקדו, סלק ואגוזי לוז. מתלבשים בשמן וחומץ.

b)   לזרוק ולהנות.

46. סלט סלק ועגבניות

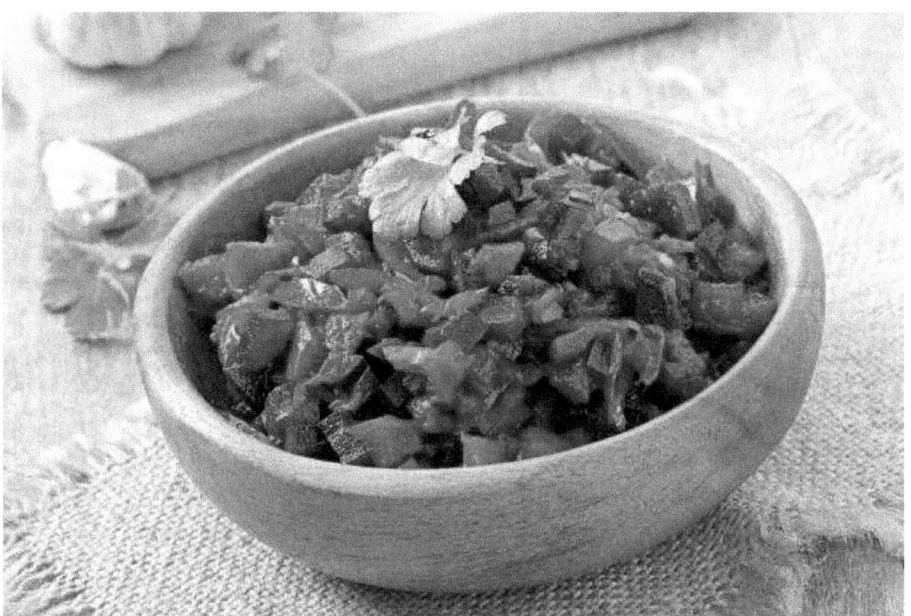

מכינה: 2 מנות

רכיבים:
- ½ כוס עגבניות טריות - קצוצות
- ½ כוס סלק מבושל - קצוץ
- 1 כף שמן צמחי
- ¼ כפות זרעי חרדל
- ¼ כפות זרעי כמון
- צובטים כורכום
- 2 צבטות אסאפוטידה
- 4 עלי קארי
- מלח לטעימה
- סוכר לטעום
- 2 כפות אבקת בוטנים
- עלי כוסברה טריים קצוצים

הוראות:
a) מחממים את השמן לפני הוספת זרעי החרדל.
b) כשהם מתחילים לקפוץ, מוסיפים את הכמון, הכורכום, עלי הקארי והאספואטידה.
c) זורקים סלק ועגבנייה עם תערובת תבלינים, אבקת בוטנים, מלח, סוכר ועלי כוסברה לפי הטעם.

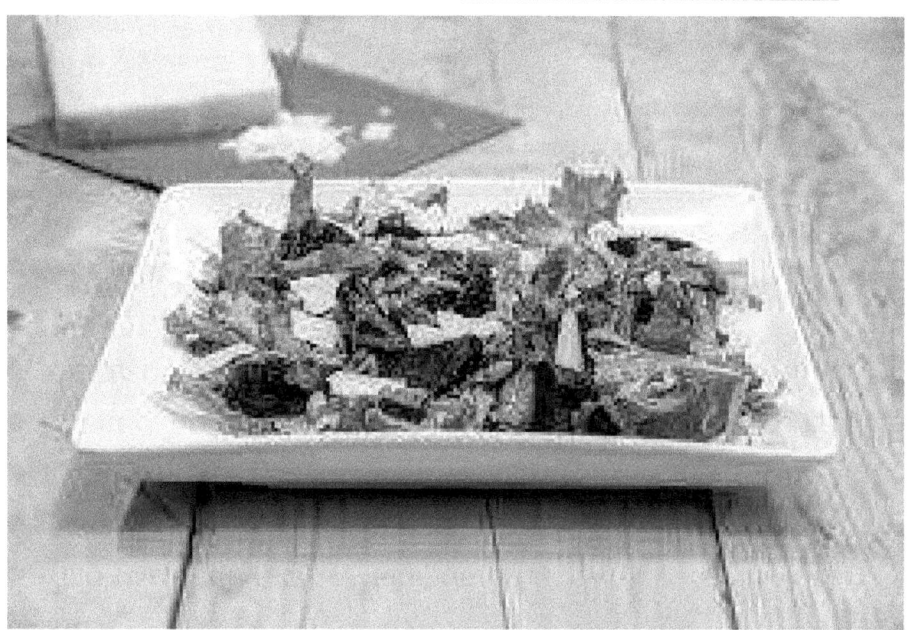

מכינה: 4 מנות

רכיבים:

- 2 סלק בינוני, צמרות גזורות
- 2 כפות מיץ תפוזים מועשר בסידן
- 1 ½ כפית דבש
- ⅛ כפית מלח
- ⅛ כפית פלפל שחור
- ¼ כוס שמן זית
- 2 כפות גרעיני חמנייה גולמיים וקלופים
- 1 תפוז חתוך לרצועות
- 3 כוסות ירקות סלט מעורב ארוזות
- ¼כוס גבינת פטה מופחתת שומן, מפוררת

הוראות:

a) בסיר בינוני מכסים את הסלק במים. מביאים לרתיחה, ואז מנמיכים לאש נמוכה.

b) מבשלים 20-30 דקות, או עד שהמזלג רך, מכוסה. יש לנקז את הסלק.

c) כשהסלק קריר מספיק כדי להתמודד, מקלפים אותם מתחת למים זורמים וחותכים אותם לפרוסות.

d) בינתיים מערבבים בצנצנת את מיץ התפוזים, הדבש, השום, המלח והפלפל.

e) מנערים פנימה את שמן הזית עד שהרוטב חלק. הסר מהמשוואה.

f) במחבת קטנה ממיסים את החמאה על אש בינונית-נמוכה.

g) קולים גרעיני חמנייה במחבת יבשה במשך 2-3 דקות, או עד שהם ארומטיים.

h) זורקים סלק, גרעיני חמנייה, פלחי תפוזים, ירקות מעורבים וגבינת פטה בקערת הגשה גדולה.

i) מגישים עם זילוף של רוטב.

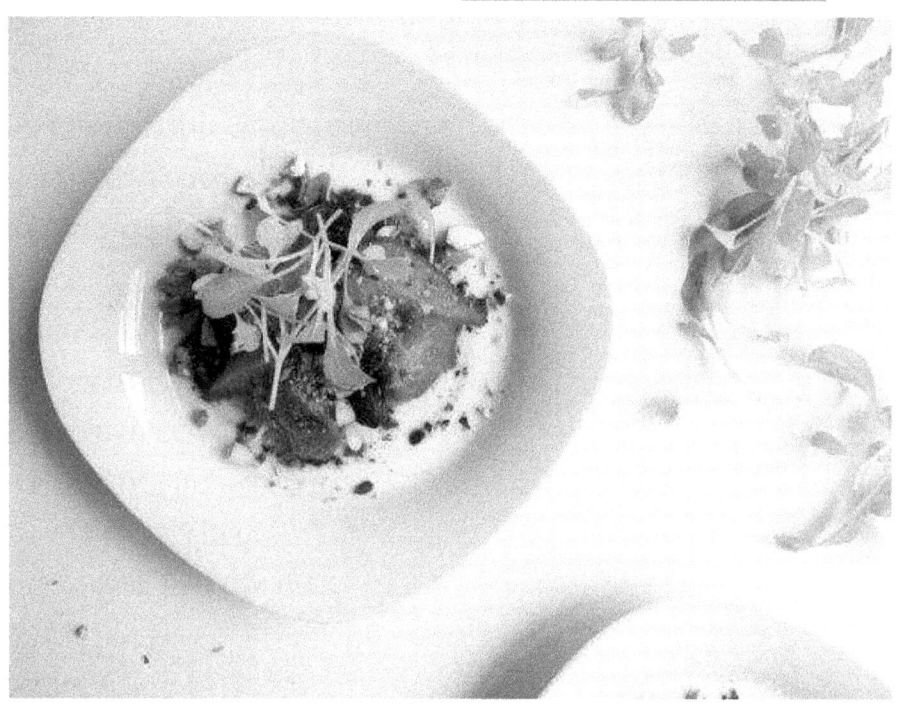

מכינה: 2 מנות

רכיבים:

- 2 צרורות קטנות של סלק קשת, גזוז
- שמן קנולה לסלק

שמן זית לימון בזיליקום:

- 2 כוסות בזיליקום ארוז בצורה רופפת
- מעט ¼ כוס שמן זית
- ½ מיץ מלימון
- קורט מלח כשר
- 1 כף פיסטוקים קצוצים
- 1 כוס מיקרו ירוקים
- מלח עשבי הדר - לא חובה

הוראות:

a) זורקים את הסלקים עם 1-2 כפות שמן קנולה עד שהם מצופים בעדינות.

b) מניחים סלק על נייר אפייה עם שוליים, מכסים בנייר כסף וצולים על הגריל במשך 30-45 דקות, או עד שהוא רך ושחמה.

c) מסירים את הקליפות מהסלקים וזורקים אותם.

d) להכנת שמן זית בזיליקום, מערבבים את כל המרכיבים בבלנדר עד לקבלת תערובת חלקה.

e) מטפטפים כמות קטנה של שמן זית בזיליקום בתחתית שתי צלחות קטנות.

f) על כל צלחת פזרו מספר קטן של מיקרו ירוקים, מחצית מהסלק, מלח עשבי הדר ופיסטוקים.

g) מניחים את שאר הירוקים המיקרוניים על גבי כל צלחת.

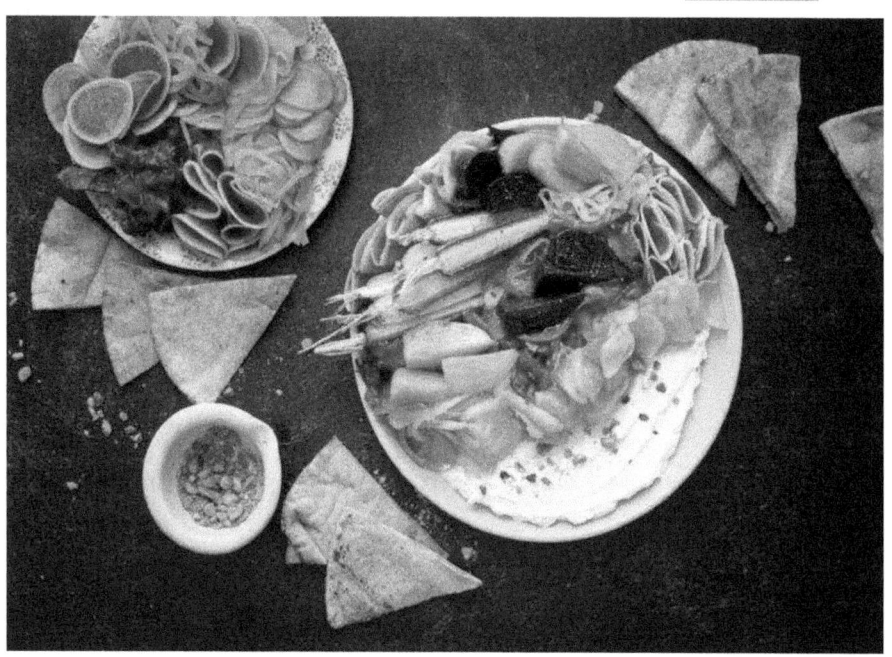

מכינה: 2 מנות

רכיבים

סלט

● 4 גזרים שלמים

● ⅓ בצל אדום בינוני, פרוס

● 1 סלק גדול

● 1 אשכולית ורודה, חתוכה

● 1 חופן פיסטוקים קצוצים גס

רוֹטֶב

● ½ כוס שמן זית

● ¼ כוס חומץ יין אורז

● 1 כפית חרדל

● 1 כפית סירופ מייפל

● 2-1 שיני שום, קצוצות

● מלח ופלפל לפי הטעם

הוראות:

a) פורסים את הסלק לפרוסות בינוניות ומניחים בכלי למיקרוגל, מכסים ומיקרו עד שהמזלג מתרכך. שלי לקח 6 וחצי דקות. אני בוחרת לא לקלף את שלי כי לא אכפת לי מהעור אבל תעשה מה שאתה אוהב.

b) בעזרת קולפן גזר יש לגלח רצועות ארוכות מכל גזר עד שמגיעים לליבה ואי אפשר להתגלח יותר. שמור את הליבות ללעיסה מאוחר יותר.

c) בקערה גדולה מניחים את כל מרכיבי הסלט שלך מלבד הפיסטוקים.

d) בקערה אחרת מניחים את כל מרכיבי הרוטב וטורפים עד לקבלת אמולסיה.

e) כאשר אתם מוכנים להגיש את הסלט, זרקו אותו עם מספיק רוטב שיצפה אותו ואת השאר תשמרו לסלט של מחר.

f) מפזרים על הפיסטוקים ואתם מוכנים ללכת.

50 . אגסים עם צהוב סלק סלט

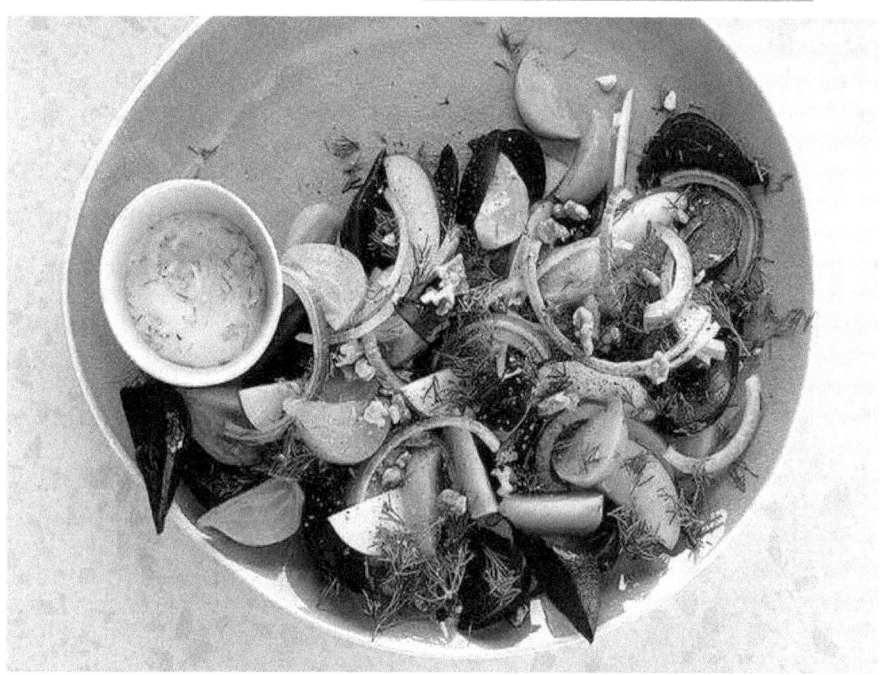

מכינה: 2 מנות

רכיבים:
- 3 עד 4 סלק צהוב בינוני
- 2 כפות חומץ בלסמי לבן
- 3 כפות מיונז טבעוני, תוצרת בית (ראה מיונז טבעוני) או קנוי בחנות
- 3 כפות שמנת חמוצה טבעונית, תוצרת בית (ראה טופו שמנת חמוצה) או קנויה בחנות
- 1 כף חלב סויה
- ½1 כפות שמיר טרי טחון
- 1 כף שאלוט טחון
- ½ כפית מלח
- ¼כפית פלפל שחור גרוס טרי
- 2 אגסי Bosc בשלים
- מיץ מלימון 1
- 1 ראש קטן של חסה אדומה, קרוע לחתיכות בגודל ביס

הוראות:
a) מאדים את הסלק עד לריכוך, ואז מצננים ומקלפים אותם. חותכים את הסלקים לגפרורים ומניחים אותם בקערה רדודה. מוסיפים את החומץ ומערבבים לציפוי. לְהַפְרִישׁ.

b) בקערה קטנה מערבבים את המיונז, השמנת החמוצה, חלב הסויה, השמיר, השאלוט, המלח והפלפל. לְהַפְרִישׁ.

c) ליבו את האגסים וחתכו אותם לקוביות בגודל 1/4 אינץ'. מניחים את האגסים בקערה בינונית, מוסיפים את מיץ הלימון ומערבבים בעדינות לאיחוד. מחלקים את החסה בין 4 צלחות סלט ומעליה כף את האגסים והסלקים. מזלפים את הרוטב על הסלט, מפזרים אגוזי פקאן ומגישים.

51 . סלט סלק וטופו

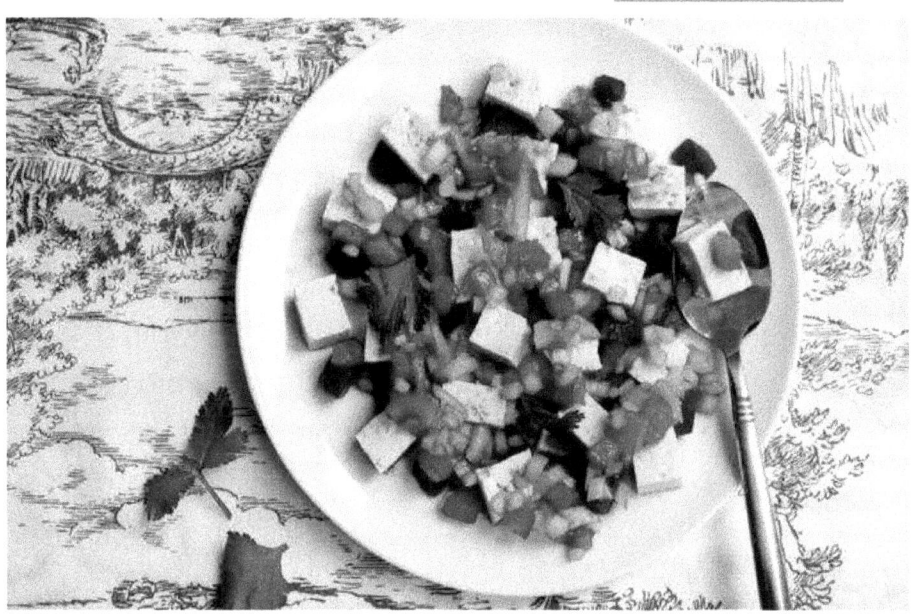

מכינה: 4 מנות

רכיבים:

- 3 סלק; קלוף או 5 סלק קטן
- 1 בצל ברמודה אדום קטן; פרוסים לטבעות דקות ומופרדים
- 1 קילו טופו מוצק או מוצק במיוחד; מרוקנים וחתוכים לקוביות בגודל ½ אינץ'
- ¼ כוס חומץ יין אדום
- 2 כפות חומץ בלסמי
- ¼ כוס שמן זית; או פחות לפי הטעם
- ½ כפית אורגנו מיובש
- מלח ופלפל

הוראות:

a) מבשלים את הסלק עד שהוא רק רך באשר נבדק עם מזלג: לסלק גדול עשוי לקחת 45 דקות לרתוח ולבשל.

b) כשהוא מתקרר מספיק כדי להתמודד, פורסים סלק לשניים, ואז פורסים כל חצי לפרוסות של ¼ אינץ'. מניחים בקערה. מוסיפים את הרוטב. לזרוק בעדינות לאיחוד.

c) טועמים לתבלינים. מגישים מיד או צונן. לזרוק שוב ממש לפני ההגשה.

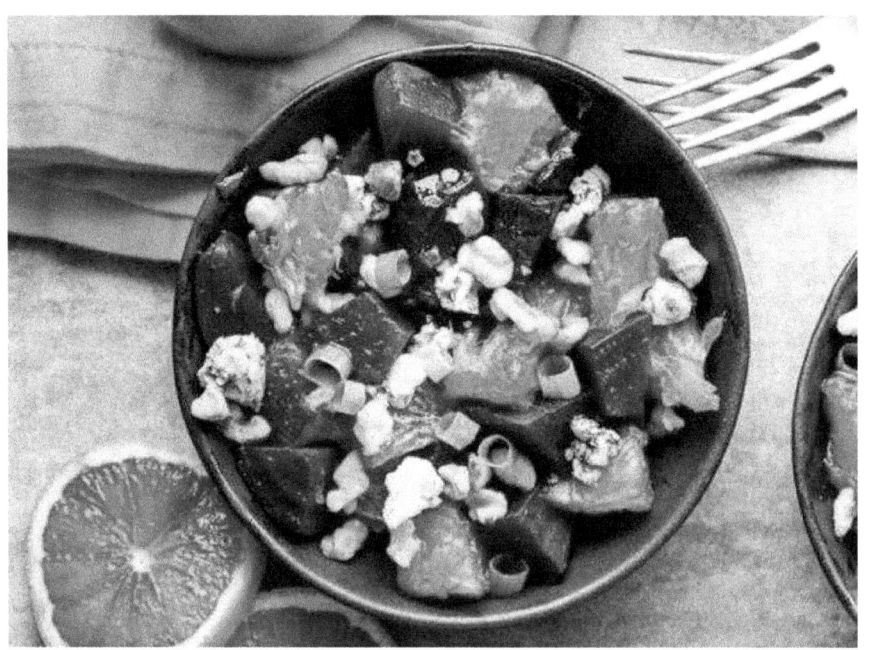

מכינה: מנה אחת

רכיבים:
- ½ צרור גרגיר הנחלים; גבעולים גסים נזרקו
- 1 אשכולית
- 1 אונקיה גבינה כחולה; לחתוך לפרוסות דקות קטנות
- 2 סלק מבושל קלוף, מגורר גס
- 4 כפיות שמן זית כתית מעולה
- 1 כף חומץ בלסמי
- מלח גס לפי הטעם
- פלפל גרוס גס לפי הטעם

הוראות:
a) מחלקים את גרגיר הנחלים בין 2 צלחות סלט ומסדרים מעל חלקי אשכוליות וגבינה דקורטיבית.

b) בקערה קטנה מערבבים יחד סלק, 2 כפיות שמן וחומץ ומחלקים בין הסלטים.

c) מטפטפים את הסלטים בשמן שנותר ומתבלים במלח ופלפל.

53 . סלט פתפוחי אדמה

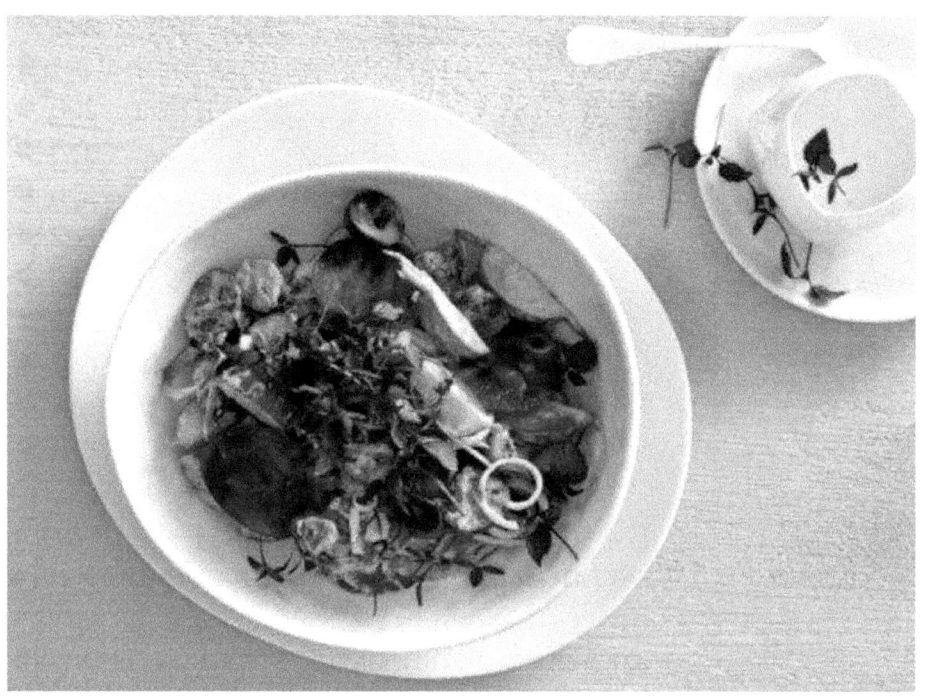

מכינה: 4 מנות

רכיבים:
- 1 ק"ג תפוחי אדמה כחולים
- 200 גרם סלק
- מלח
- פלפל
- 2 צרור בצל אביב
- 250 גרם שמנת חמוצה
- 5 כפות חומץ יין לבן
- 2 צרור צנוניות
- ¼ מצע של גרגירית
- ¼ סלק

הוראות:
a) שוטפים היטב תפוחי אדמה וסלק ומבשלים בהרבה מים מומלחים כ-15 דקות.
b) שוטפים את הבצלים, מנקים וחותכים לרצועות דקות.
c) הניחו את הבצלים במי קרח כך שיתגלגלו.
d) מערבבים שמנת חמוצה וחומץ - מתבלים במלח ופלפל.
e) מסננים את תפוחי האדמה, מניחים אותם, מקלפים וחותכים גס.
f) שוטפים את הסלק במים קרים, קולפים וחותכים לפרוסות דקות.
g) שוטפים היטב צנוניות, מנקים ורבעים.
h) מערבבים תפוחי אדמה, סלק, בצל אביב וצנוניות עם הרוטב.
i) מסדרים בקערות. מפזרים גרגיר.

54 . סלט קינואה זעפרן וסלט סלק צלוי

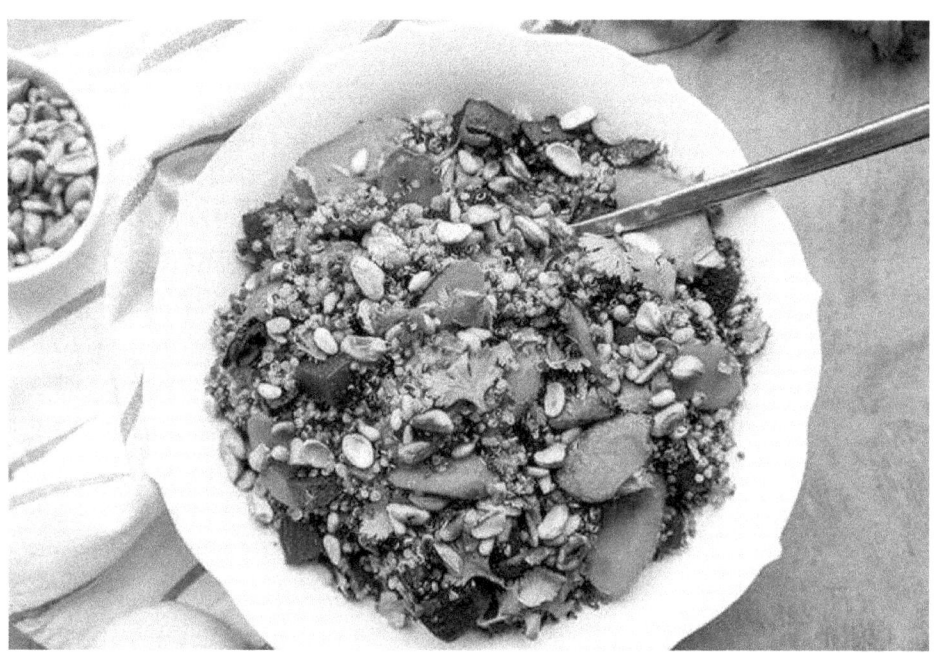

מכינה: 6 מנות

רכיבים:
- 6 כפות שמן זית כתית מעולה
- 2 כפות מיץ לימון טרי
- 2 שיני שום קטנות; טָחוּן
- ½ כפית מלח גס
- ½ כפית כמון טחון
- ¼ כפית פתיתי פלפל אדום; עד ½
- 4 סלק קטן עם ירקות צמודים; עד 5
- 1 כוס קינואה לא מבושלת
- 2 כוסות מרק ירקות
- ⅛ כפית חוטי זעפרן
- 5 כפיות שמן זית
- 2 אונקיות שאלוט פרוס דק; (½ כוס)
- 3 שן שום מדיום; טָחוּן
- 1½ כפות מיץ לימון טרי
- ¼ כפית מלח

הוראות:

a) מחממים תנור ל-400F.

b) בקערה קטנה, טורפים יחד את כל החומרים.

c) מתקנים תיבול לפי הטעם ומניחים בצד.

d) שוטפים סלק וקוצצים ירקות, ומשאירים כ-1 אינץ' מחוברים. שמור עלי סלק. עוטפים כל סלק בנפרד בנייר כסף ואופים עד לריכוך כאשר מחוררים אותו בסכין דקה, 45 דקות עד שעה. מניחים בצד לצינון.

e) כשהסלק קריר מספיק כדי להתמודד, מקלפים ופורסים דק. מניחים סלק בקערה קטנה, מוסיפים 2 עד 3 כפות מהמרינדה ומערבבים בעדינות.

f) מניחים קינואה במסננת דקיקה ושוטפים במים קרים עד שהקצף שוכך. מעבירים את הקינואה לסיר קטן, מוסיפים מרק וזעפרן ומביאים לרתיחה. מנמיכים את האש לנמוכה, מכסים ומבשלים עד שהמרק נספג 13 עד 15 דקות.

g) בינתיים מחממים במחבת בינונית 3 כפיות שמן זית על אש בינונית-גבוהה. מוסיפים בצלצלי שאלוט ומבשלים עד שהם פריכים, תוך ערבוב לעתים קרובות במשך כ-3 דקות.

h) מסננים על נייר סופג ומניחים בצד.

i) מעבירים את תערובת הקינואה המבושלת לקערה בינונית וזורקים עם 3 עד 4 כפות נוספות של מרינדה. (ניתן לבסות את שאר המרינדה ולשמור במקרר עד 3 ימים.) הסר והשליך גבעולים עבים מהירוקים של סלק; קוצצים גס עלים. במחבת גדולה מחממים את 2 כפיות השמן הנותרות על אש בינונית. מוסיפים שום ומבשלים, תוך ערבוב לעתים קרובות, במשך דקה. מוסיפים את ירקות הסלק ומבשלים עד שהם נבולים, 1 עד 2 דקות. מערבבים פנימה מיץ לימון ומלח. מתבלים בפלפל.

j) להגשה מחלקים סלק פרוס בין צלחות הגשה ומסדרים אותם סביב השפה. תלים ¼ כוס תערובת קינואה במרכז הסלק. מעל ירקות סלק, מעטרים בצלי שאלוט מטוגנים ומגישים.

55. סלט סלק קלוי עם גבינת עיזים פריכה ואגוזי מלך

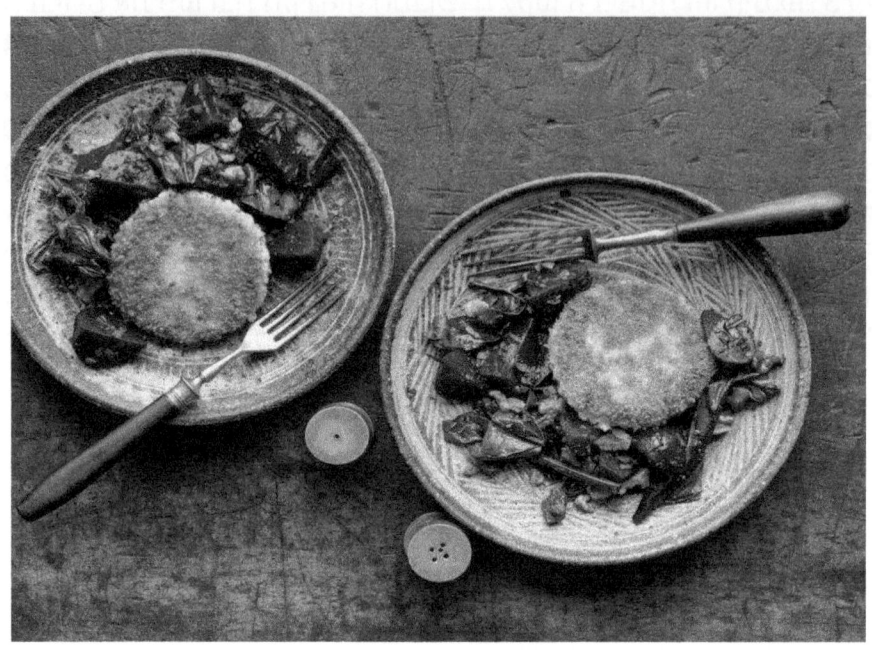

עושה: 4

רכיבים

2 קילו בייבי סלק (אדום, צהוב ו/או צ'יוגיה), גזוז, גבעולים ועלים שמורים
שמן זית כתית
מלח כשר
½ כוס בצלצלי שאלוט טחונים (בערך 2 בצלצלי שאלוט בינוניים)
7 כפות חומץ יין אדום
פלפל שחור טחון טרי
8 אונקיות גבינת עיזים רכה טריה
3 כפות עירית טרייה פרוסה דק
½ כוס קמח לכל מטרה
2 ביצים גדולות
1 כוס פירורי לחם פנקו
שמן זרעי ענבים או שמן צמחי אחר
1 כוס פטרוזיליה שטוחה טרייה, קצוצה גס
½ כוס אגוזי מלך קלויים, קצוצים גס

1. צולים את הסלק. מחממים את התנור ל-450 מעלות צלזיוס. מסדרים את הסלק בשכבה אחת בתבנית אפייה בגודל 9 על 13 אינץ'. הוסף מספיק מים כדי להגיע עד אמצע דפנות הסלק. מזלפים שמן זית ומתבלים בנדיבות במלח. מכסים את תבנית האפייה בנייר אלומיניום וסוגרים היטב. צולים את הסלק במשך שעה עד שעה ו-15 דקות, או עד שהם רכים כאשר מחוררים אותם במזלג.
2. מכינים את המרינדה. בזמן שהסלקים צולים, מערבבים בקערה בינונית ¼ כוס בצלצלי שאלוט, 6 כפות חומץ יין אדום וחצי כפית מלח.
3. קולפים ומשרים את הסלק. כשהסלק קריר מספיק כדי להתמודד, אבל עדיין חם, השתמש במגבת נייר כדי לשפשף בעדינות את קליפתם. חצו או רבע את הסלק והעבירו לקערה גדולה. מתבלים במלח ופלפל לפי הטעם. יוצקים את המרינדה על הסלק; לזרוק למעיל. מניחים לעמוד במשך 30 דקות למרינדה.
4. מבשלים את גבעולי הסלק והעלים. חותכים את גבעולי הסלק לחתיכות בגודל 2 אינץ'. מגלגלים את העלים לבול עץ הדוק וחותכים בזווית לרצועות ארוכות, ברוחב 1 אינץ'. במחבת, מחממים 1 כף שמן זית על בינוני עד שהוא חם. מוסיפים את הגבעולים ומתבלים במלח. מבשלים, תוך ערבוב מדי פעם,

במשך 3 עד 5 דקות, עד שהם רכים מעט. מוסיפים את עלי הסלק ומתבלים במלח ופלפל. מבשלים, תוך ערבוב מדי פעם, במשך 2 עד 4 דקות, עד שהם נבולים. מערבבים פנימה את 1 הכף הנותרת חומץ יין אדום. מסירים מהאש.

5. יוצרים את עיגולי גבינת העיזים. מוציאים את גבינת העיזים מהמקרר ומניחים לעמוד בטמפרטורת החדר כ-10 דקות, עד שהיא מתרככת מעט. מערבבים בקערה את העירית, רבע כוס השאלוט הנותרים וגבינת העיזים. מתבלים ב-1 כפית מלח ובחצי כפית פלפל. מערבבים עד לאיחוד יסודי. השתמשו בידיים שלכם כדי ליצור ארבעה כדורים שווים, ואז משטחים בזהירות כל אחד לעיגול בעובי של ¼ אינץ'. מעבירים את העיגולים לצלחת.

6. לחם את גבינת העיזים. מורחים את הקמח על צלחת רדודה ומתבלים במלח ופלפל. פורצים את הביצים לקערה רדודה וטורפים עד שהם מתאחדים. מורחים את פירורי הלחם על צלחת רדודה נוספת. עובדים עם אחד בכל פעם, מצפים היטב את עיגולי גבינת העיזים בקמח; הסר כל עודף. טובלים את שני הצדדים בביצים, נותנים לעודף לטפטף, ואז בפירורי הלחם; לחץ כדי לוודא שפירורי הלחם נדבקים. מעבירים את העיגולים לצלחת ומכסים בניילון; מצננים במקרר עד רגע לפני הטיגון.

7. פריכים את גבינת העיזים. רגע לפני ההגשה מוציאים את עיגולי גבינת העיזים מהמקרר. מרפדים צלחת בנייר סופג. במחבת ברזל יצוק או במחבת, מחממים שכבה דקה של שמן זרעי ענבים על בינונית-גבוהה עד שהיא חמה. השמן חם מספיק כאשר מעט פירורי לחם רוחשים מיד כאשר מוסיפים אותו למחבת. מוסיפים את עיגולי גבינת העיזים. מבשלים 2 עד 4 דקות לכל צד, עד להזהבה ופריכה. מעבירים לצלחת ומתבלים במלח ופלפל.

8. מסיימים ומגישים את הסלט. מוסיפים את הפטרוזיליה והאגוזי מלך לסלק הקלוי; מערבבים לאיחוד יסודי. מחלקים את עלי הסלק (העלים), הגבעולים והסלקים הצלויים בין מנות ההגשה. מעל כל אחד מהם גבינת עיזים עגולה ומגישים.

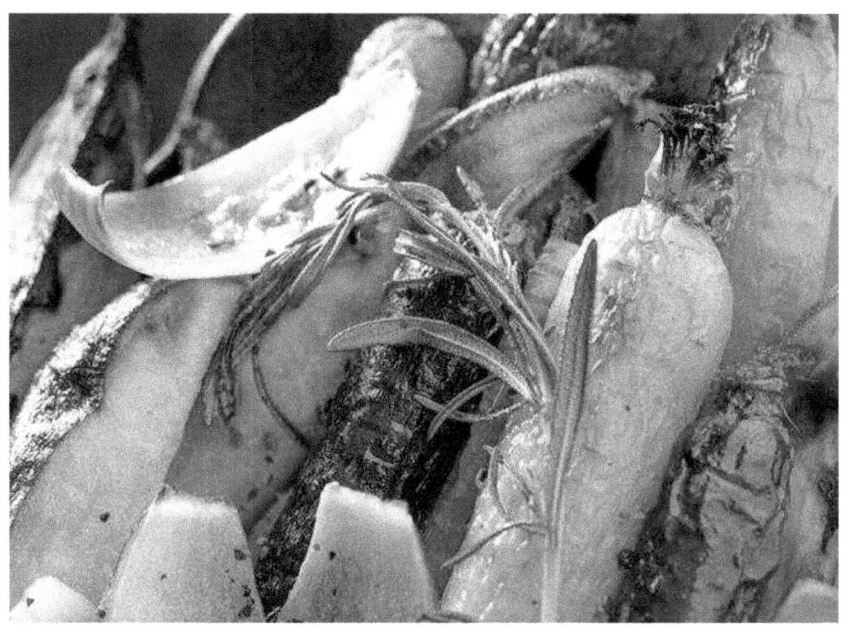

עושה: 2

רכיבים:
- 2 סלק אדום
- 4/1 כוס בוטנים
- 1 כפית כמון טחון
- 3 גזרים
- 2/1 כוס קינואה לבנה
- 3 פרסניפס
- 2 כפות שומשום לבן
- 1 ליים
- 2/1 כפית פפריקה מעושנת
- 1 שאלוט
- 1 אבוקדו
- 1 ג'לפניו
- 4 כפות מרק ירקות, מחולקים
- מלח ופלפל לפי הטעם

הוראות:
a) מחממים את התנור ל-425 מעלות צלזיוס.
b) קולפים וחותכים את הגזר והפרסניפס לחתיכות בגודל 1 אינץ'. קוצצים גס את הבוטנים.
c) יש לגרד את הליים, לחצות אותו ולמצמצם.
d) מקלפים וחותכים לקוביות 2 כפות שאלוט.
e) טוחנים 2 כפות ג'לפניו.
f) קולפים את הסלקים וחותכים אותם לפרוסות בעובי של חצי סנטימטר.
g) מוסיפים כמון, גזר פרוס, פרסניפל פרוס, 1 כף מרק ירקות וקורט מלח לצד אחד של תבנית אפייה ומערבבים.
h) הוסף סלק תלתלי, 1 כף מרק ירקות וקורט מלח לצד השני של תבנית האפייה וזורקים.
i) צולים את ירקות השורש במשך 25 עד 28 דקות או עד שהם רכים.
j) מערבבים את הקינואה, 1 כוס מים וקורט מלח בסיר בינוני על אש גבוהה.
k) מרתיחים ומבשלים לפחות 12 עד 15 דקות, או עד שהספירלות מתפוצצות, והמים נספגים.

l) מערבבים בקערה קטנה את גרידת הליים, מחצית ממיץ הליים, קוביות שאלוט וג'לפניו טחון.
m) במחבת קטנה, קולים את הבוטנים והשומשום הקצוצים על אש בינונית עד להזהבה במשך 2 עד 3 דקות.
n) זורקים את הבוטנים והשומשום הקלויים עם השאלוט והג'לפניו בקערה קטנה.
o) מוסיפים 1 כף מרק ירקות, 1 כפית פפריקה וקורט מלח.
p) מערבבים את סלסת הבוטנים השומשום עם מזלג. חותכים את האבוקדו לשניים.
q) גורפים את בשר האבוקדו לקערה קטנה ומתבלים במלח ובמיץ הליים הנותר לפי הטעם. בעזרת מזלג מועבים עד לקבלת מרקם חלק.
r) מחלקים את הקינואה בין הצלחות.
s) מגישים עם אבוקדו מרוסק בבל צלחת.
t) מגישים עם ירקות צלויים בכמון וזילוף של סלסת שומשום בוטנים מעל.

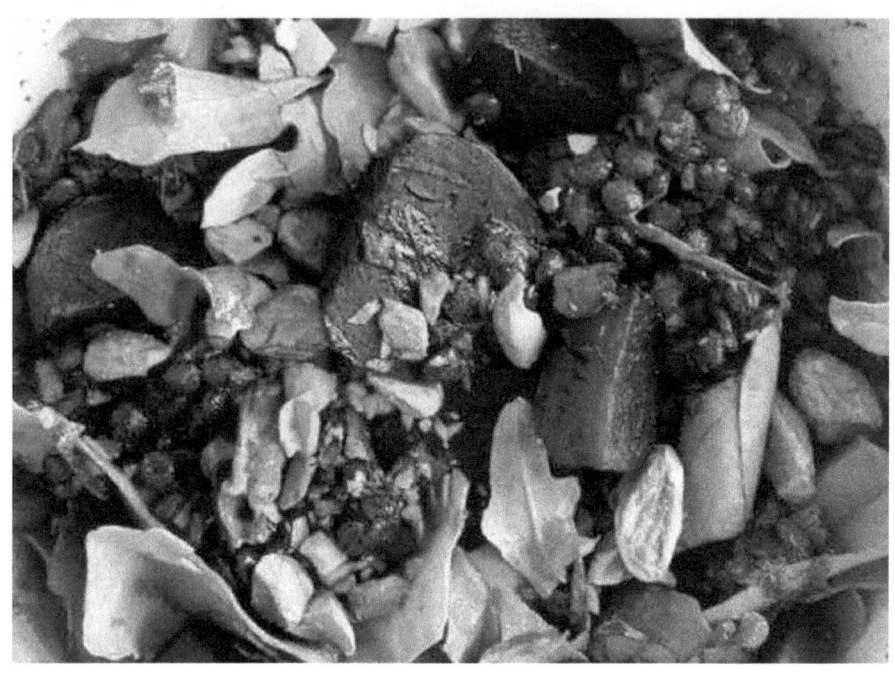

עושה: 3
רכיבים:
● 1 סלק בינוני, שטוף, ניקה, מיובש, חתוך לרבעים
● 2/1 כוס עדשים ירוקות, שטופות, נקיות
● 3 כרישות בינוניות, קצוצות, פרוסות, קצוצות
● 1 כוס ציר ירקות
● 4 חופנים גדולים קייל, בייבי תרד
● 4/1 כפית כל מלח ופלפל
● 2 כפות מרק ירקות
● רוטב טחינה
● 4/1 כוס טחינה
● 4 כפות מרק ירקות
● 2/1 לימון בינוני, מיץ
● 2 כפות סירופ מייפל
● 1 קורט כל מלח ופלפל
הוראות:
a) התחילו לחמם את התנור ל-400 מעלות צלזיוס והברישו קלות את תבנית האפייה בעזרת מרק הירקות.

b) מוסיפים עדשים וציר ירקות (או מים) לסיר קטן ומביאים לרתיחה מהירה על אש בינונית-גבוהה.

c) מנמיכים את האש ומבשלים 20-30 דקות עד שכל הנוזלים נספגים. לְהַפְרִישׁ.

d) מוסיפים לתבנית האפייה כרישה וסלק קצוצים, מטפטפים ציר ירקות ומתבלים במלח ופלפל. לזרוק לציפוי.

e) אופים לפחות 15-20 דקות עד שהם ריחניים ומשחימים קלות, ואז מניחים בצד.

f) בזמן שהירקות והעדשים מתבשלים, מכינים את הרוטב על ידי הוספת כל המרכיבים לקערת ערבוב, ואז מקציפים לאיחוד. טועמים ומתקנים תיבול.

g) מוסיפים את הקייל לקערת ערבוב נפרדת עם ציר מרק ירקות ומיץ לימון ומעסים בידיים לריכוך. עבור הירוקים, דלג על שלב זה.

h) מוסיפים סלק, ירקות, כרישה ועדשים לקערת ערבוב גדולה, מוסיפים רוטב ומערבבים לציפוי. מגישים ונהנים!

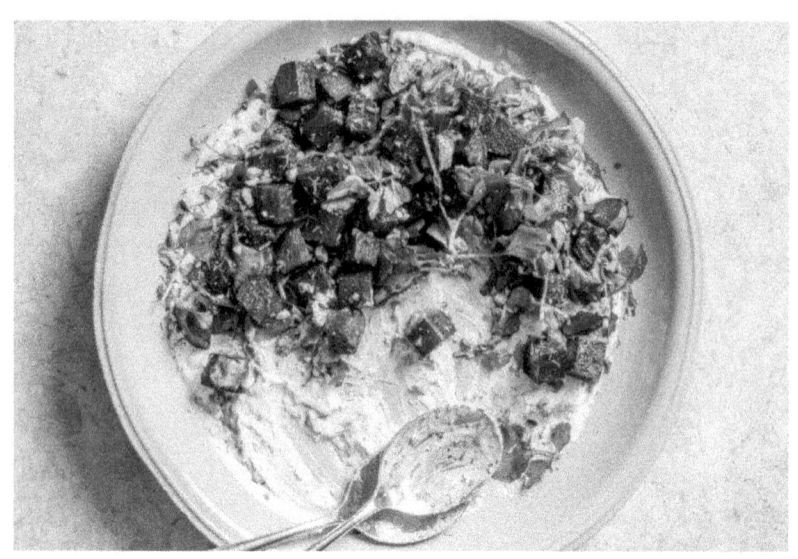

עושה: 4 עד 6

רכיבים:

- 2 פאונד סלק, קצוץ, קלוף וחתוך לחתיכות של ¾ אינץ'
- 1⅛ כפיות מלח שולחן, מחולק
- 1¼ כוסות יוגורט יווני רגיל
- ¼ כוס כוסברה טרייה טחונה, מחולקת
- 3 כפות שמן זית בתית מעולה, מחולק
- 2 כפיות ג'ינג'ר טרי מגורר
- 1 כפית גרידת ליים מגוררת בתוספת 2 כפות מיץ, מחולקת
- 1 שן שום, קצוצה
- ½ כפית כמון טחון
- ½ כפית כוסברה טחונה
- ¼ כפית פלפל
- 5 אונקיות (5 כוסות) גרגיר הנחלים, קרוע לחתיכות בגודל ביס
- ¼ כוס פיסטוקים קלופים, קלויים וקצוצים, מחולקים

הוראות:

a) מערבבים סלק, חצי כוס מים וחצי כפית מלח בקערה גדולה. מכסים ומכניסים למיקרוגל עד שניתן לנקב בקלות את הסלק עם סכין חיתוך, 25 עד 30 דקות, תוך ערבוב באמצע המיקרוגל. מסננים את הסלק במסננת ומצננים.

b) טורפים יוגורט, 3 כפות כוסברה, 2 כפות שמן, ג'ינג'ר, גרידת ליים וכף מיץ, שום, כמון, כוסברה, פלפל וחצי כפית מלח יחד בקערה. מערבבים פנימה באיטיות עד 3 כפות מים עד לתערובת בעלת עקביות של יוגורט רגיל. מתבלים במלח ופלפל לפי הטעם. מורחים את תערובת היוגורט על צלחת ההגשה.

c) לזרוק גרגיר נחלים עם 2 כפות פיסטוקים, 2 כפיות שמן, 1 כפית מיץ ליים, וקורט מלח בקערה גדולה. מסדרים את תערובת גרגיר הנחלים מעל תערובת היוגורט, ומשאירים גבול של 1 אינץ' של תערובת יוגורט. לזרוק סלק עם 1 כפית שמן הנותרת, 2 כפיות הנותרות מיץ ליים, ושארית קורט מלח בקערה ריקה בעת.

d) מסדרים את תערובת הסלק מעל תערובת גרגיר הנחלים. מפזרים את הסלט עם כף כוסברה אחת ושתי כפות פיסטוקים הנותרות ומגישים.

59 . סלט סלק וגבינת עיזים

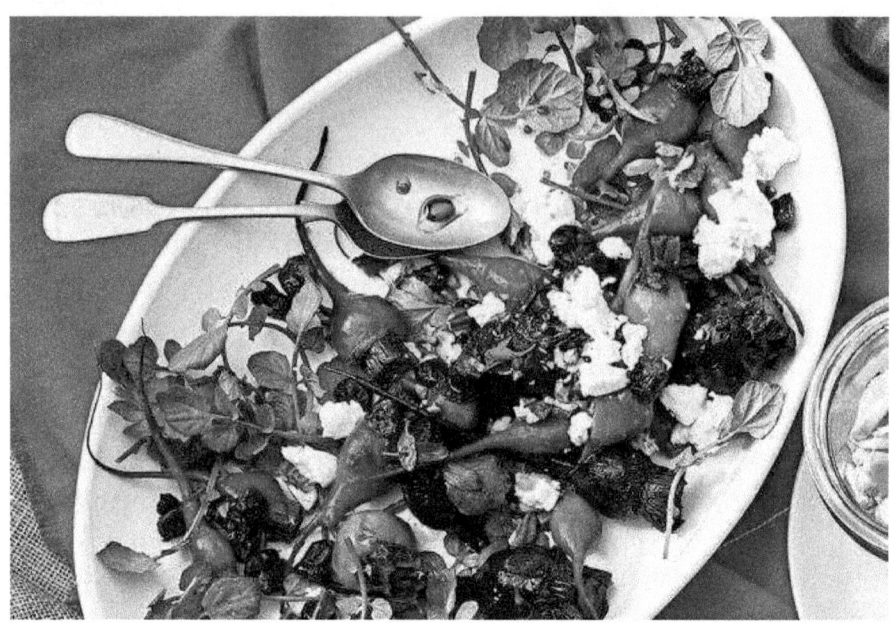

רכיבים:

4 סלק גדול, צלוי ופרוס
4 גרם גבינת עיזים, מפוררת
4/1 כוס אגוזי מלך קצוצים
4/1 כוס פטרוזיליה טרייה קצוצה
2 כפות חומץ בלסמי
2 כפות שמן זית
מלח ופלפל לפי הטעם
הוראות:

מערבבים בקערת ערבוב גדולה את הסלק הקלוי והחתוך, גבינת עיזים מפוררת, אגוזי מלך קצוצים ופטרוזיליה טרייה קצוצה.
בקערת ערבוב קטנה נפרדת, טורפים יחד את החומץ הבלסמי ושמן הזית.
מזלפים את הרוטב על הסלט.
מתבלים במלח ופלפל, לפי הטעם.
לזרוק בעדינות לאיחוד.
מגישים בטמפרטורת החדר.

60 . סלט גבינת סלק ועיזים

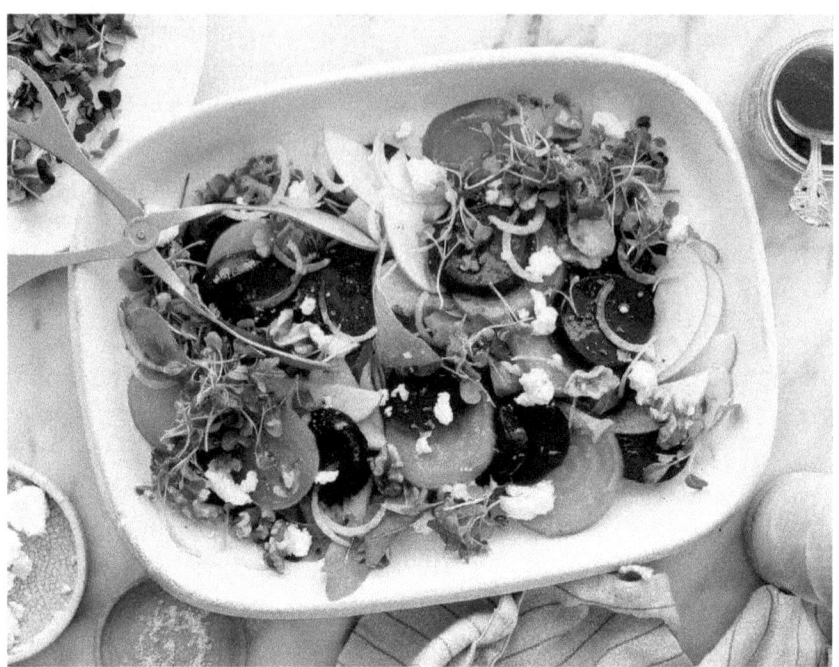

רכיבים:

2 סלקים גדולים, צלויים ופרוסים

2 כוסות ירקות מעורבים

2 גרם גבינת עיזים

4/1 כוס אגוזי פקאן קצוצים

2 כפות חומץ בלסמי

2 כפות שמן זית

מלח ופלפל לפי הטעם

הוראות:

מערבבים בקערת מיקסר את הסלק הצלוי והפרוס, הירוקים המעורבבים, גבינת העיזים המפוררת ואגוזי הפקאן הקצוצים.

בקערת ערבוב קטנה נפרדת, טורפים יחד את החומץ הבלסמי, שמן הזית, המלח והפלפל.

יוצקים את הרוטב על הסלט ומערבבים עד לקבלת תערובת אחידה.

מגישים מיד.

61 . סלט סלק ותפוזים

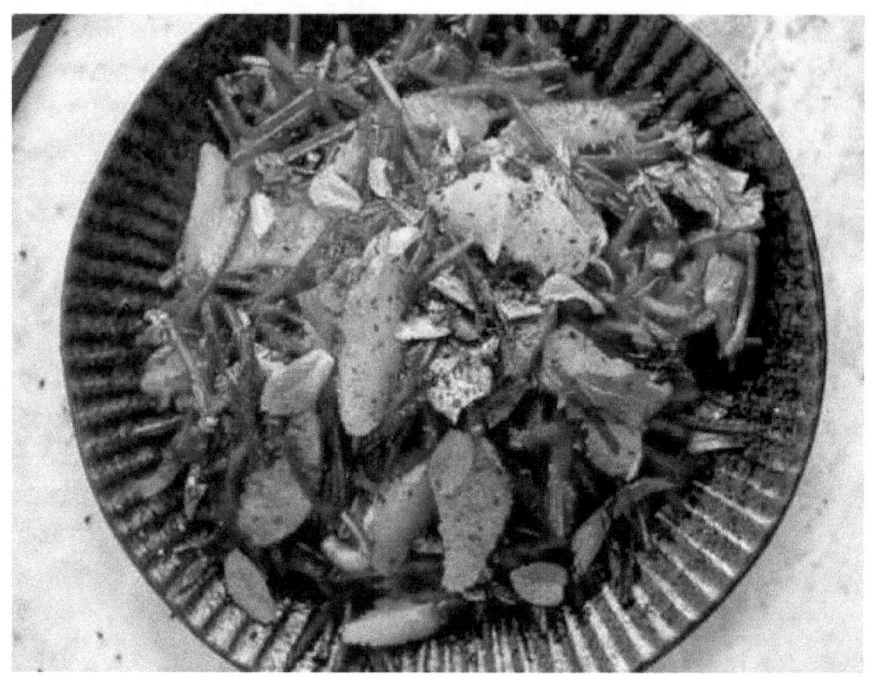

רכיבים:

4 סלק בינוני, צלוי ופרוס
2 תפוזים קלופים ופרוסים
4/1 כוס גבינת עיזים מפוררת
4/1 כוס אגוזי מלך קצוצים
4/1 כוס פטרוזיליה טרייה קצוצה
2 כפות שמן זית
2 כפות חומץ בלסמי
מלח ופלפל לפי הטעם
הוראות:

מערבבים בקערת ערבוב גדולה את הסלק הקלוי הפרוס, התפוזים הפרוסים, גבינת העיזים המפוררת, אגוזי מלך קצוצים ופטרוזיליה טרייה קצוצה.

בקערת ערבוב קטנה נפרדת, טורפים יחד את שמן הזית והחומץ הבלסמי.

מזלפים את הרוטב על תערובת הסלק והתפוז ומערבבים לאיחוד.

מתבלים במלח ופלפל, לפי הטעם.

מגישים צונן או בטמפרטורת החדר.

קרמ

62. בורשט סלק

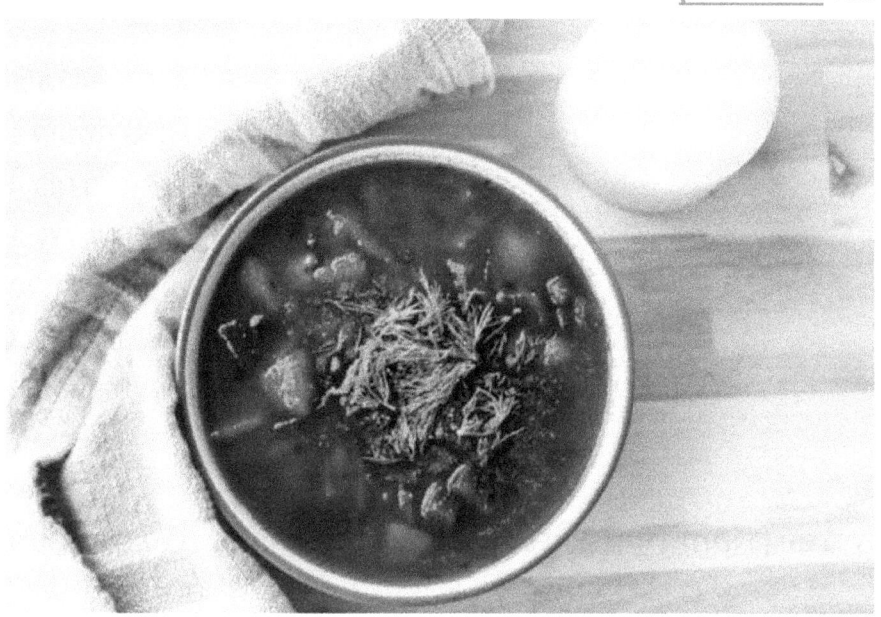

מכינה: 2 מנות

רכיבים:
- 1 קופסת סלק שלם
- 4 כוס מים
- 1 בצל שלם, קלוף
- מלח
- 2 כפות גדושות סוכר
- ¼-½ כפית מלח חמוץ

הוראות:
a) מטגנים בצל במים במשך 10 דקות. מוסיפים סלק מגורר (מגורר) עם מיץ וכל שאר המרכיבים.

b) מבשלים במשך 5 דקות. יותר.

c) טועמים ומתקנים תיבול.

d) מגישים חם או קר.

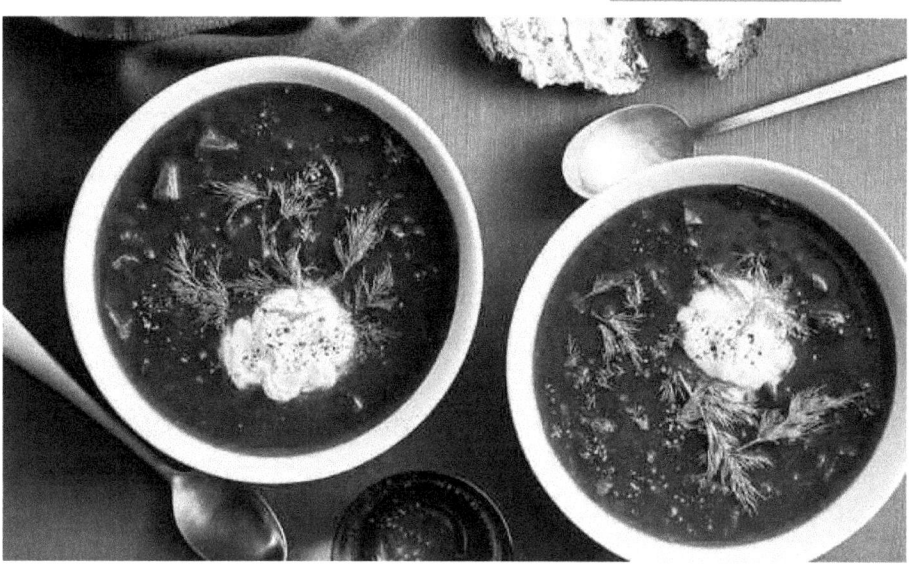

מכינה: 8 מנות

רכיבים:

- 1 Med כרוב; פרוס או טריז
- 3 שום; ציפורן קצוצה
- סלק; צְרוֹר
- 3 גזר; מְעַטִים
- 1 לי"ג בצל
- 2 סלרי; גבעולים חתוכים ל-3
- 3 פאונד עצם; בשר/עצמות מח
- 2 לימון
- 2 קופסאות שימורים עגבניות; לא לנקז

הוראות:

a) שים בשר ועצמות בסיר ציר של 8 או 12 קטר. מכניסים לקופסאות עגבניות, מכסים במים ומביאים לרתיחה.

b) בינתיים, הכינו את הירקות שלכם. פורסים סלק וגזר, אחרים הולכים בשלמותם. כשהציר רותח, מורחים את החלק העליון.

c) הכניסו סלק, גזר, שום ושאר ירקות. מנמיכים את האש לרתיחה ומשאירים את המכסה סגור.

d) לאחר כשעה שמים שום וסוכר.

64 . בלחו קלס קרמ

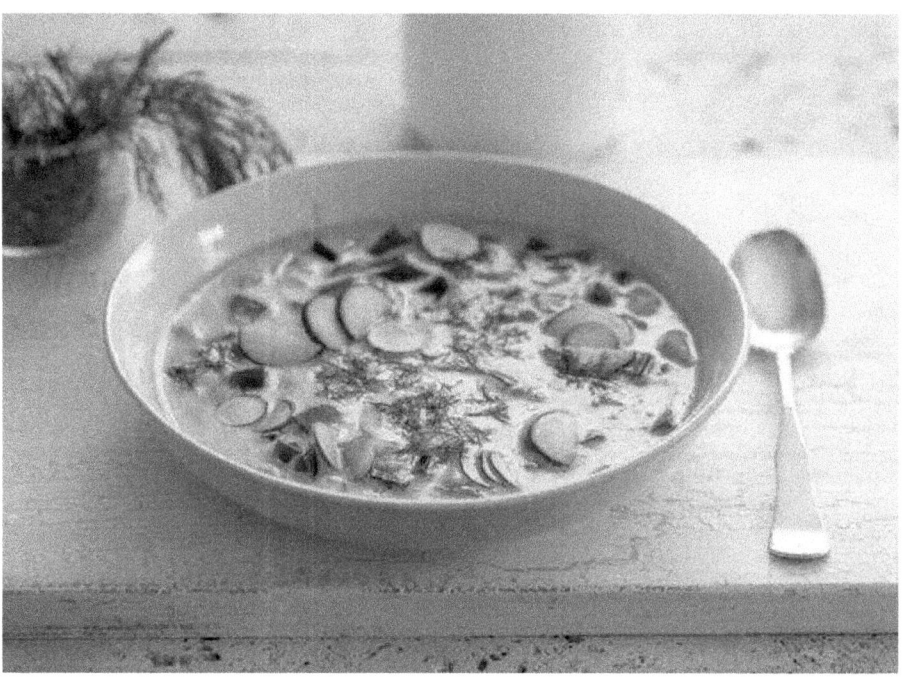

מכינה: 6 מנות

רכיבים:
- 5 סלק
- 3 כוסות חלב
- ¾ כוס בצל ירוק קצוץ
- ⅔ כוס שמנת חמוצה קלה
- 2 כפות שמיר טרי קצוץ או כוסברה
- 1½ כפית סוכר מגורען
- 1½ כפית חומץ לבן
- ¼ כפית מלח
- 1 כוס מלפפון; (חתוך לקוביות לא מקולף)
- ענפי שמיר או כוסברה טריים

הוראות:

a) בסיר עם מי מלח רותחים, מכסים ומבשלים את הסלק עד לריכוך והקליפות מחליקות בקלות כ-25 דקות. מסננים ומניחים להתקרר; מחליקים את הקליפות וחותכים לקוביות בגודל ¼ אינץ' (5 מ"מ). מכסים ומקררים עד לצינון.

b) בקערה גדולה, טורפים יחד חמאה, ½ כוס (125 מ"ל) בצל, שמנת חמוצה, שמיר, סוכר, חומץ ומלח. מכסים ומקררים עד לצינון או עד 6 שעות. טועמים ומתקנים תיבול.

c) מצקת את תערובת החמאה לקערות הגשה. מערבבים פנימה סלק ומלפפון.

d) מקשטים בשארית הבצל הירוק וענפי שמיר או כוסברה.

65 . קלס יראק

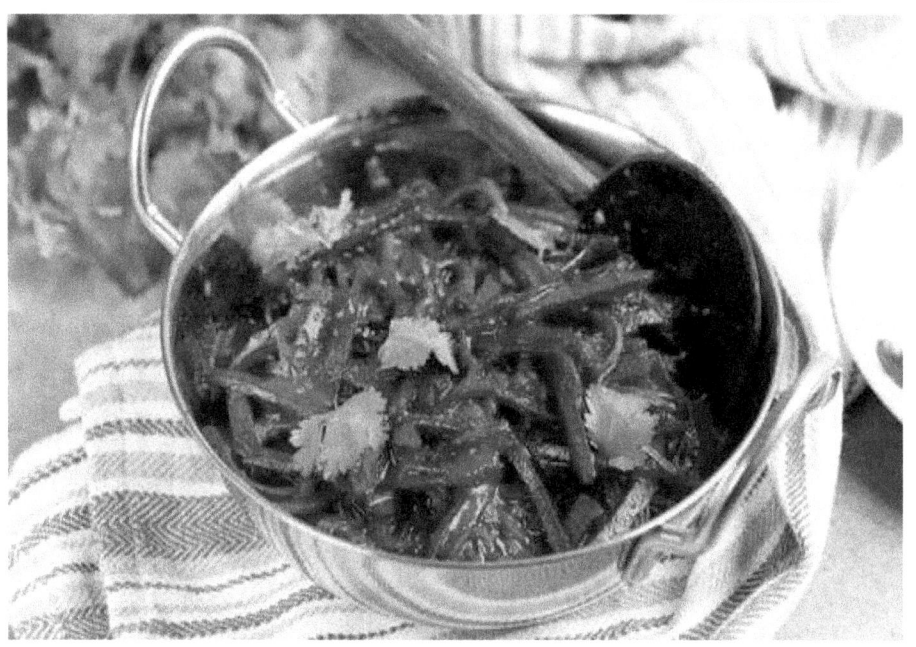

מכינה: 4 מנות

רכיבים:
- 3 כפות גהי
- 1 קורט זרעי כמון
- 1 כל עלה דפנה
- 2 וחצי כפות בצל פרוס
- ¼ כפית קאיין
- ¼ כפית גאראם מסאלה
- 1 תפוח אדמה בינוני, חתוך לקוביות
- ½ כוס אפונה ירוקה
- 15 אונקיות של סלק, מבושל וחתוך לקוביות
- ½ כפית מלח

הוראות:
a) מחממים גהי ומטגנים זרעי כמון, עלה דפנה, בצל מתובל, קאיין וגראם מסאלה במשך דקה.
b) מוסיפים תפוחי אדמה, אפונה וסלק ומבשלים בעדינות במשך 2 דקות. מוסיפים מלח ומעט מים.
c) מבשלים בעדינות עד שתפוח האדמה רך.
d) מגישים על אורז.

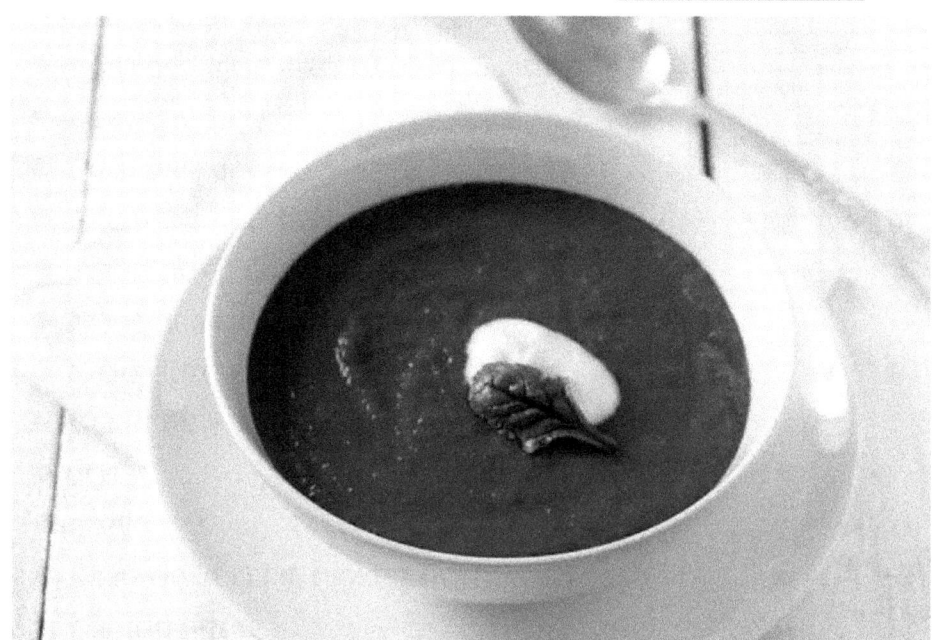

מבינה: 6 מנות

רכיבים:

- 1 קילו סלק, קלוף וקצוץ גס (בערך 3 בינוני)
- 1 בצל גדול, קצוץ גס
- 1 ענף מיורן טרי או
- 1 כפית טימין טרי קצוץ מיובש
- 3 כפות חמאה ללא מלח
- 1 ליטר מרק עוף או ירקות
- ½ כוס שמנת כבדה
- 2 כפות חומץ יין אדום טוב
- מלח
- פלפל
- ½ כוס שמנת כבדה, מוקצפת קלות
- קרוטונים קטנים
- ¼ כוס עשבי תיבול טריים קצוצים, כגון שמיר או מיורן

הוראות:

a) מבשלים סלק, בצל ומיורן בחמאה בסיר של 4 ליטר על אש בינונית עד שהבצל מתחיל להתרכך מעט, כ-10 דקות. מוסיפים מרק, מכסים חלקית את הסיר ומבשלים כ-30 דקות, עד שהסלק רך לחלוטין.

b) בדוק אותם על ידי ניסיון למעוך אחד כנגד דופן הסיר עם כף עץ. מבשלים עוד במידת הצורך.

c) טוחנים מרק בבלנדר או במעבד מזון. אם רוצים שלמרק יהיה מרקם חלק יותר, מסננים אותו במסננת בעלת רשת בינונית. מוסיפים שמנת או חומץ ומחזירים את המרק לרתיחה. מתבלים במלח ופלפל.

d) להגשה, מצקת לקערות ומקשטים בקצפת, קרוטונים ועשבי תיבול, או מגישים קישוטים בנפרד ותנו לסועדים לעזור לעצמם.

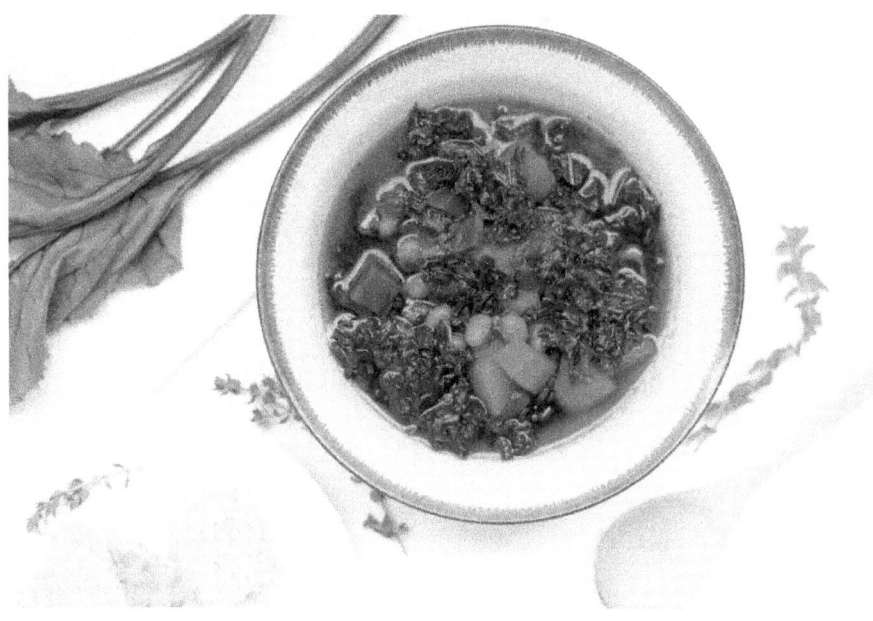

מכינה: 8 מנות

רכיבים:

- ½ כוס חומוס
- 2 כוסות תרד; קצוץ
- 1 כוס שעועית כליה
- 1 כוס עשב שמיר טרי -או-
- ¼ כוס עשב שמיר מיובש
- 1 כוס עדשים
- 4 סלק; מקולף וחתוך לקוביות קטנות
- 1 בצל גדול; קצוץ (עד)
- 2 כפות קמח (עד)
- 2 עצמות מרק; אופציונאלי
- בצל מטוגן ועלי נענע יבשים (לקישוט)
- מלח ופלפל לפי הטעם
- שמן לטיגון (עד)
- 8 כוסות מים

הוראות:

a) משרים את החומוס והשעועית למשך שעתיים או לילה. מבשלים את העדשים ב-2-1 כוסות מים עד שהם רכים אך לא עיסתיים ומניחים בצד.

b) משחימים את העצמות והבצל בשמן בקומקום גדול. מתבלים לפי הטעם ומוסיפים מים, חומוס, שעועית וסלק. מבשלים עד שהחומוס רך.

c) הסר עצמות והוסף תרד, עשב שמיר ועדשים. מערבבים מדי פעם. בינתיים משחימים קמח במעט שמן ומוסיפים למרק כדי להסמיך.

d) שים את המרק על אש נמוכה ומערבבים לעתים קרובות עד שהוא מוכן. מגישים בקערה ומקשטים בבצל מטוגן או עם עלי נענע יבשים שנוספו לשמן חם.

68 . קלס קרמ

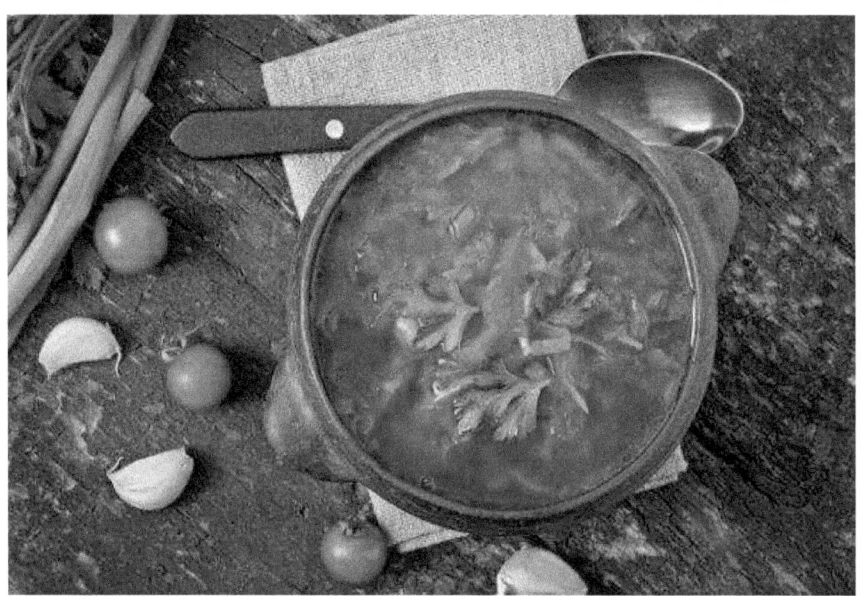

מכינה: 2 מנות

רכיבים:

- 1 סלק גדול
- 1 כוס מים
- 2 כורט אבקת כמון
- 2 כורט פלפל
- 1 כורט קינמון
- 4 כורט מלח
- חסיטה של לימון
- ½ כף גהי

הוראות:

a) מרתיחים את הסלק ואז מקלפים.

b) מערבבים עם המים ומוסיפים את מסננים או צורים.

c) מרתיחים את התערובת ואז מוסיפים את שאר החומרים ומגישים.

69 . קארי סלק וחומוס

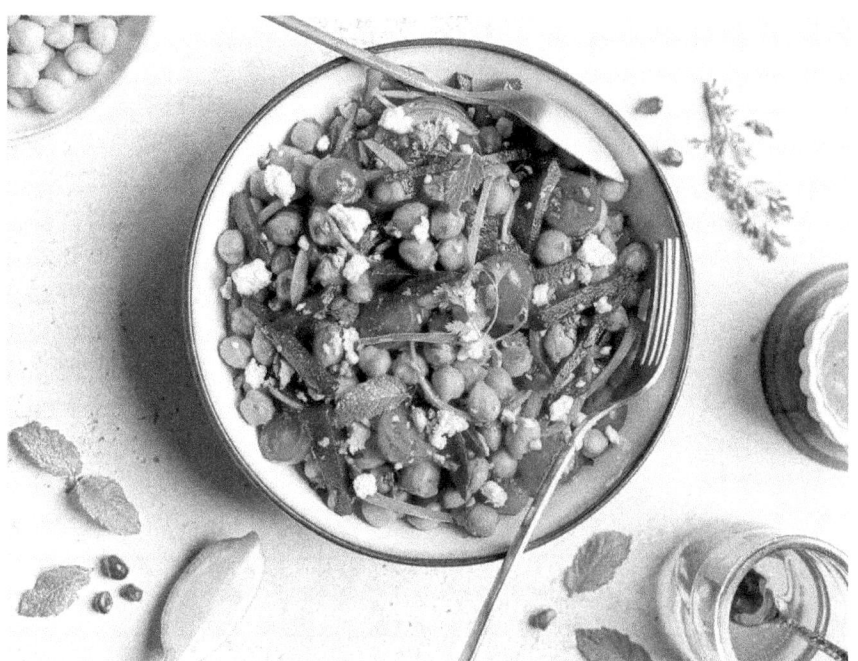

רכיבים:

2 סלקים גדולים, קלופים וחתוכים לקוביות
1 קופסת חומוס, סחוטה ושטופה
1 בצל, חתוך לקוביות
2 שיני שום, קצוצות
1 כף ג'ינג'ר מגורר
1 כפית כמון
1 כפית כוסברה
1 כפית כורכום
1 כפית פפריקה מעושנת
1 קופסת חלב קוקוס
2/1 כוס ציר ירקות
2 כפות שמן זית
מלח ופלפל לפי הטעם

הוראות:

בסיר גדול מחממים את שמן הזית על אש בינונית.

מוסיפים את קוביות הבצל, השום הטחון והג'ינג'ר המגורר ומטגנים עד שהם רכים ושקופים.

מוסיפים את קוביות הסלק ומערבבים עד שהם מצופים בשמן.

מוסיפים את הכמון, הכוסברה, הכורכום והפפריקה המעושנת ומערבבים עד לאיחוד.

מוסיפים את החומוס, חלב הקוקוס וציר הירקות ומערבבים עד לאיחוד.

מביאים את התערובת לרתיחה ומבשלים עד שהסלק רך והרוטב הסמיך, כ-30-40 דקות.

מתבלים במלח ופלפל, לפי הטעם.

מגישים עם אורז או לחם נאן.

70 . תבשיל סלק ובשר בקר

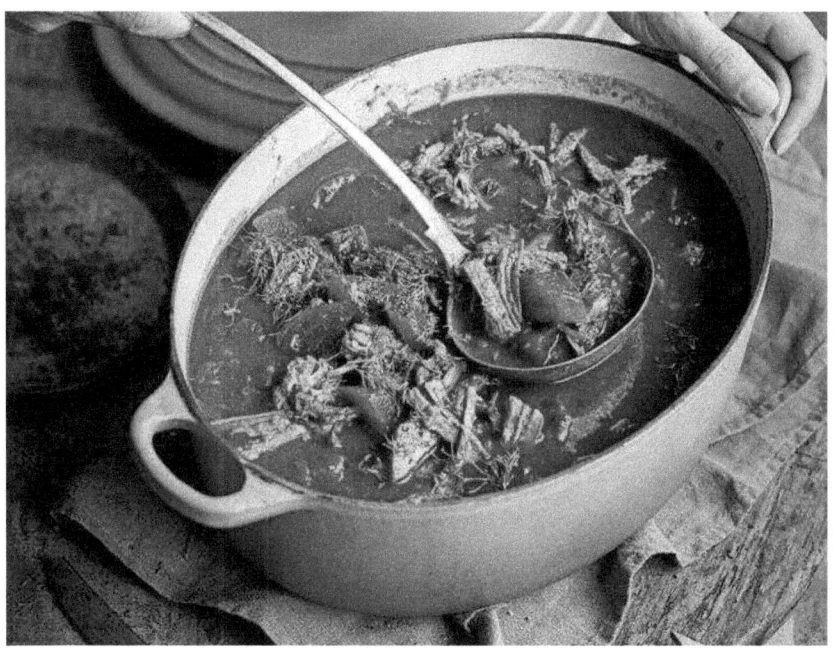

רכיבים:

2 ק"ג בשר תבשיל בקר
2 סלקים גדולים, קלופים וחתוכים לקוביות
2 גזרים, קלופים וחתוכים לקוביות
1 בצל, חתוך לקוביות
2 שיני שום, קצוצות
1 כוס מרק בקר
1 כוס יין אדום
2 כפות שמן זית
2 כפות קמח
1 כף רסק עגבניות
1 עלה דפנה
1 כפית טימין מיובש
מלח ופלפל לפי הטעם
הוראות:

בסיר גדול מחממים את שמן הזית על אש בינונית-גבוהה.
מתבלים את בשר תבשיל הבקר במלח ופלפל ומצפים בקמח.
מוסיפים לסיר את בשר תבשיל הבקר ומשחימים מכל הצדדים.
מוציאים את בשר תבשיל הבקר מהסיר ומניחים בצד.
מוסיפים לסיר את קוביות הבצל והשום הטחון ומאדים עד שהם רכים ושקופים.
מוסיפים לסיר את קוביות הסלק וקוביות הגזר ומערבבים עד לאיחוד.
מוסיפים את רסק העגבניות, עלה הדפנה והתימין היבש ומערבבים עד לאיחוד.
מוסיפים את מרק הבקר והיין האדום ומערבבים עד לאיחוד.
מחזירים את בשר תבשיל הבקר לסיר ומביאים את התערובת לרתיחה.
מכסים את הסיר במכסה ומנמיכים את האש לנמוכה

71 . מרק סלק צלוי

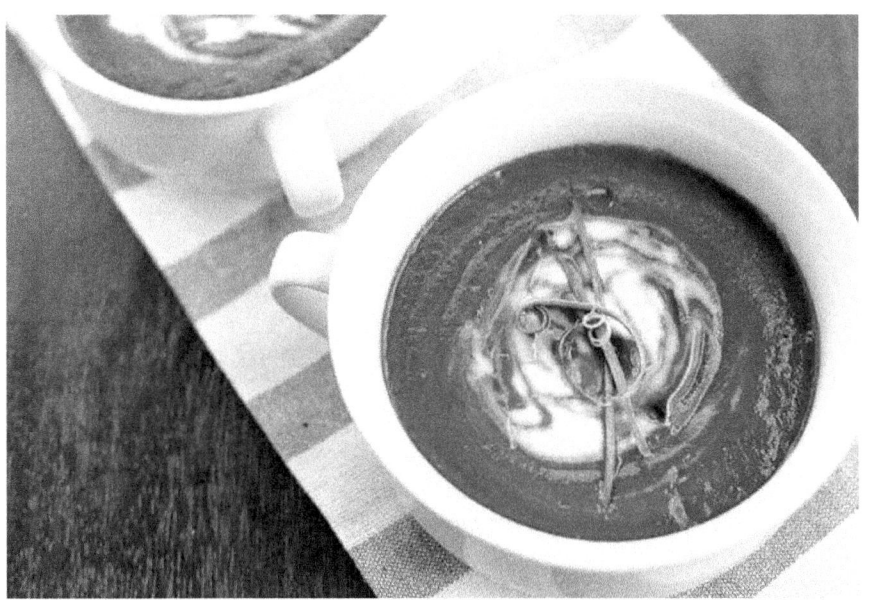

רכיבים:

4 סלק בינוני, צלוי
1 בצל, קצוץ
2 שיני שום, קצוצות
4 כוסות מרק ירקות
2/1 כוס שמנת כבדה
2 כפות שמן זית
מלח ופלפל לפי הטעם
הוראות:

מחממים תנור ל-400 מעלות צלזיוס.

עוטפים כל סלק בנפרד בנייר אלומיניום וצולים 45-60 דקות, או עד לריכוך.

לאחר שהסלקים התקררו, מקלפים אותם וחותכים לחתיכות קטנות.

בסיר גדול מחממים את שמן הזית על אש בינונית.

מוסיפים את הבצל הקצוץ והשום הטחון ומאדים עד שהם רכים ושקופים.

מוסיפים לסיר את הסלק הצלוי הקצוץ ומרק הירקות ומביאים לרתיחה.

מבשלים 10-15 דקות, או עד שהסלק רך מאוד.

טוחנים את המרק בבלנדר או בבלנדר טבילה.

מערבבים פנימה את השמנת הכבדה ומתבלים במלח ופלפל לפי הטעם.

הגש חם.

72 . מרק סלק שמנת

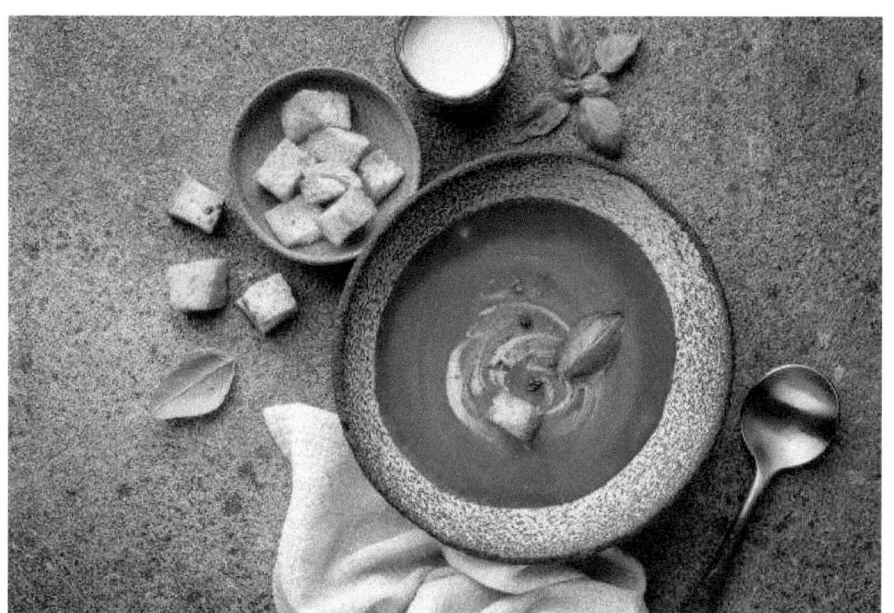

רכיבים:

4 סלק בינוני, צלוי וחתוך לקוביות
1 בצל, קצוץ
2 שיני שום, קצוצות
4 כוסות מרק ירקות
1 כוס שמנת כבדה
2 כפות שמן זית
מלח ופלפל לפי הטעם
הוראות:

בסיר גדול מחממים את שמן הזית על אש בינונית.

מוסיפים את הבצל הקצוץ והשום הטחון ומאדים עד שהם רכים ושקופים.

מוסיפים לסיר את קוביות הסלק הצלוי ומרק הירקות ומביאים לרתיחה.

מבשלים 10-15 דקות, או עד שהסלק רך מאוד.

טוחנים את המרק בבלנדר או בבלנדר טבילה.

מערבבים פנימה את השמנת הכבדה ומתבלים במלח ופלפל לפי הטעם.

הגש חם.

73 . מרק סלק חריף

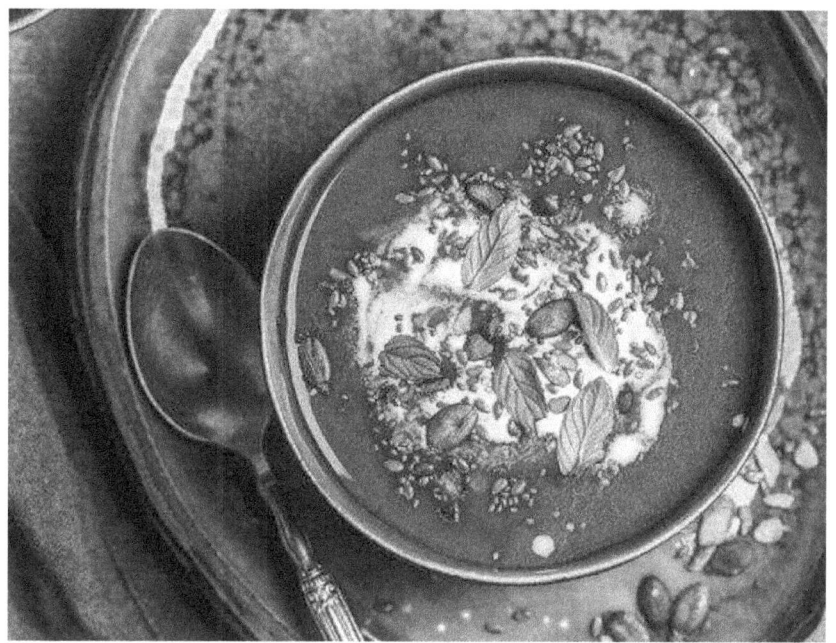

רכיבים:

4 סלקים בינוניים, קלופים וחתוכים לקוביות
1 בצל, קצוץ
2 שיני שום, קצוצות
4 כוסות מרק ירקות
1 כפית כמון טחון
1 כפית פפריקה מעושנת
2/1 כפית פלפל קאיין
2/1 כוס שמנת חמוצה
2 כפות שמן זית
מלח ופלפל לפי הטעם

הוראות:
בסיר גדול מחממים את שמן הזית על אש בינונית.
מוסיפים את הבצל הקצוץ והשום הטחון ומאדים עד שהם רכים ושקופים.
מוסיפים לסיר את קוביות הסלק, מרק הירקות, הכמון הטחון, הפפריקה המעושנת ופלפל הקאיין ומביאים לרתיחה.
4. מבשלים 30-45 דקות, או עד שהסלק רך מאוד.

טוחנים את המרק בבלנדר או בבלנדר טבילה.

מערבבים פנימה את השמנת החמוצה ומתבלים במלח ופלפל לפי הטעם.

הגש חם.

74 . מרק סלק וגזר

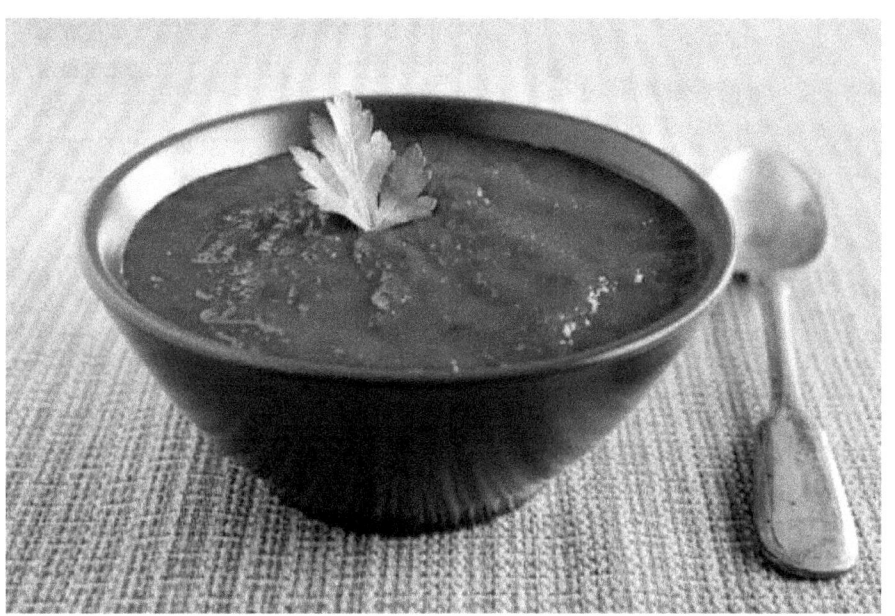

רכיבים:

2 סלקים בינוניים, קלופים וחתוכים לקוביות
2 גזרים בינוניים, קלופים וחתוכים לקוביות
1 בצל, קצוץ
2 שיני שום, קצוצות
4 כוסות מרק ירקות
2 כפות שמן זית
מלח ופלפל לפי הטעם
הוראות:

בסיר גדול מחממים את שמן הזית על אש בינונית.
מוסיפים את הבצל הקצוץ והשום הטחון ומאדים עד שהם רכים ושקופים.
מוסיפים לסיר את קוביות הסלק, קוביות הגזר ומרק הירקות ומביאים לרתיחה.
מבשלים 30-45 דקות, או עד שהסלק והגזר רכים מאוד.
טוחנים את המרק בבלנדר או בבלנדר טבילה.
מתבלים במלח ופלפל לפי הטעם.
הגש חם.

צדדים

75. סלק עם זרעי חרדל וקוקוס

מכונות: 3 כוסות

רכיבים:

- 1 כף שמן
- 1 כפית זרעי חרדל שחור
- 1 בצל צהוב או אדום, קלוף וחתוך לקוביות
- 2 כפיות כמון טחון
- 2 כפיות כוסברה טחונה
- 1 כפית מסאלה דרום הודית
- 1 כף קוקוס לא ממותק, מגורר
- 5 סלק, קלוף וחתוך לקוביות
- 1 כפית מלח ים גס
- 1½ כוסות מים

הוראות:

a) מחממים את השמן במחבת כבדה על אש בינונית.

b) מוסיפים את זרעי החרדל ומבשלים במשך 30 שניות, או עד שהם רוחשים.

c) מוסיפים את הבצל ומטגנים במשך דקה, או עד שהוא מתחיל להשחים.

d) מוסיפים את הכמון, הכוסברה, המסאלה הדרום הודית והקוקוס.

e) מבשלים דקה אחת לאחר הוספת הסלק.

f) מוסיפים את המלח והמים.

g) מביאים לרתיחה, מנמיכים לאש נמוכה, מכסים ומניחים לרתיחה במשך 15 דקות.

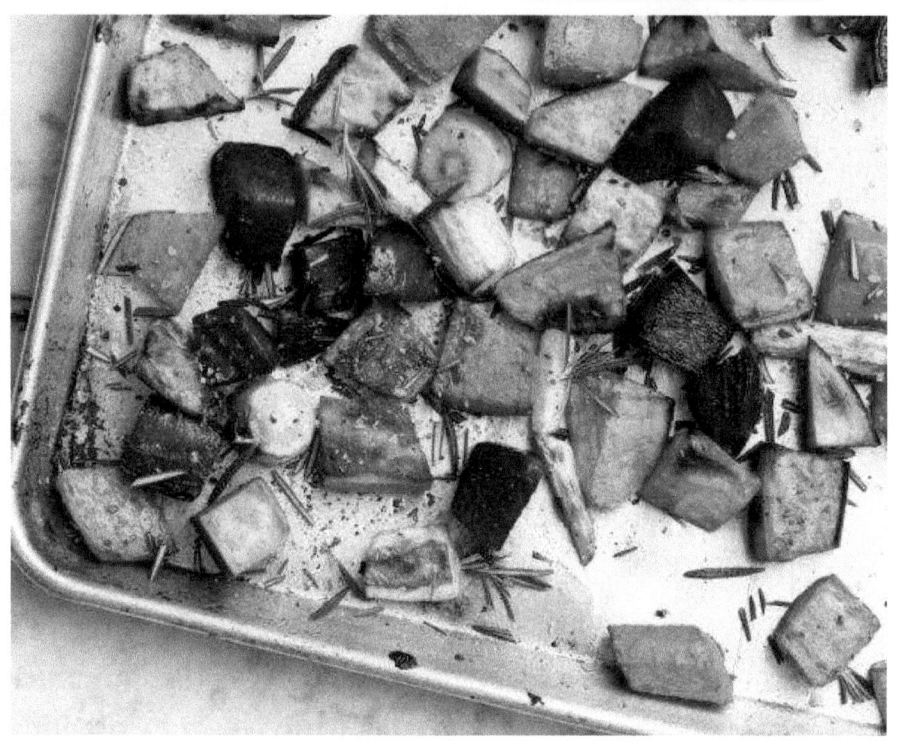

מכינה: 6 עד 8 מנות

רכיבים:

- 3 קילו סלק חתוך לקוביות
- 1 בצל אדום קטן
- ¼ כוס שמן קוקוס
- 1 ½ כפית מלח כשר
- ¼ כפית פלפל שחור גרוס טרי
- 2 כפות עלי רוזמרין קצוצים

הוראות:

a) מסדרים רשת באמצע התנור ומחממים את התנור ל-425 מעלות צלזיוס.

b) מניחים את ירקות השורש והבצל האדום על תבנית מרופדת בנייר אפייה. מטפטפים ¼ כוס שמן קוקוס, מפזרים מלח כשר ופלפל שחור ומערבבים לציפוי אחיד. מורחים בשכבה אחידה.

c) צולים 30 דקות.

d) מוציאים את תבנית האפייה מהתנור, מפזרים את הירקות עם הרוזמרין ומערבבים לאיחוד. מורחים בחזרה בשכבה אחידה.

e) ממשיכים לצלות עד שהירקות רכים ומקורמלים, 10 עד 15 דקות נוספות.

77 . לודגה היינרמב קלס

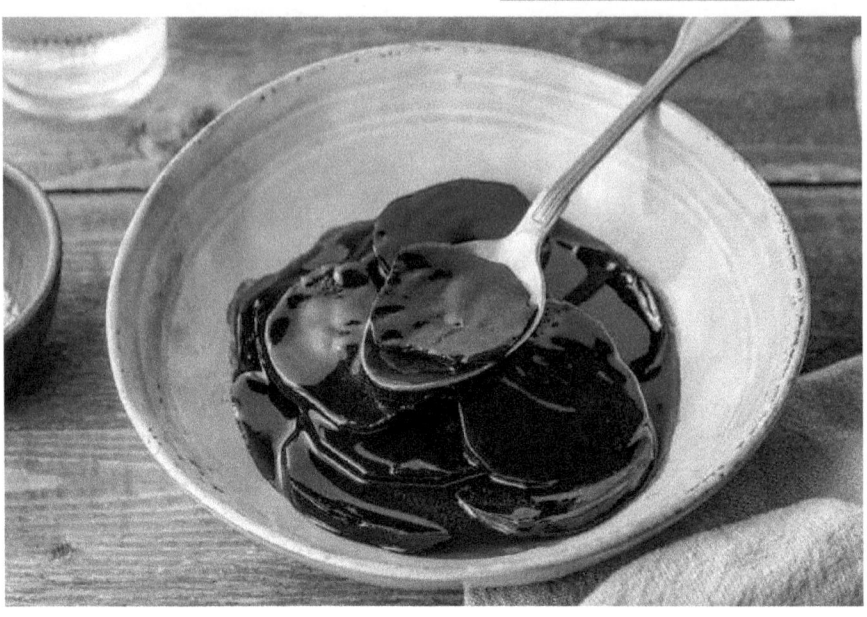

מכינה: 6 מנות

רכיבים:

- 6 סלק, קרצוף וגזוז
- 2 כפות חמאה מתוקה
- 3 כפות גראנד מרנייה
- 1 כפית קליפת תפוז מגוררת

הוראות:

a) בסיר אידוי מעל מים רותחים, מאדים את הסלק, מכוסה, במשך 25 עד 35 דקות, או עד שהם רק רכים.

b) לרענן את הסלק תחת מים קרים, להחליק את הקליפות וחתכו את הסלק לפרוסות בגודל ⅜ אינץ'.

c) במחבת גדולה מבשלים את הסלק בחמאה על אש מתונה תוך ערבוב במשך 3 דקות.

d) מערבבים את הגראנד מרנייה, קליפת התפוז ומלח לפי הטעם; מבשלים את התערובת, מכוסה, במשך 3 דקות.

78 . קלס בשמנת חמוצה

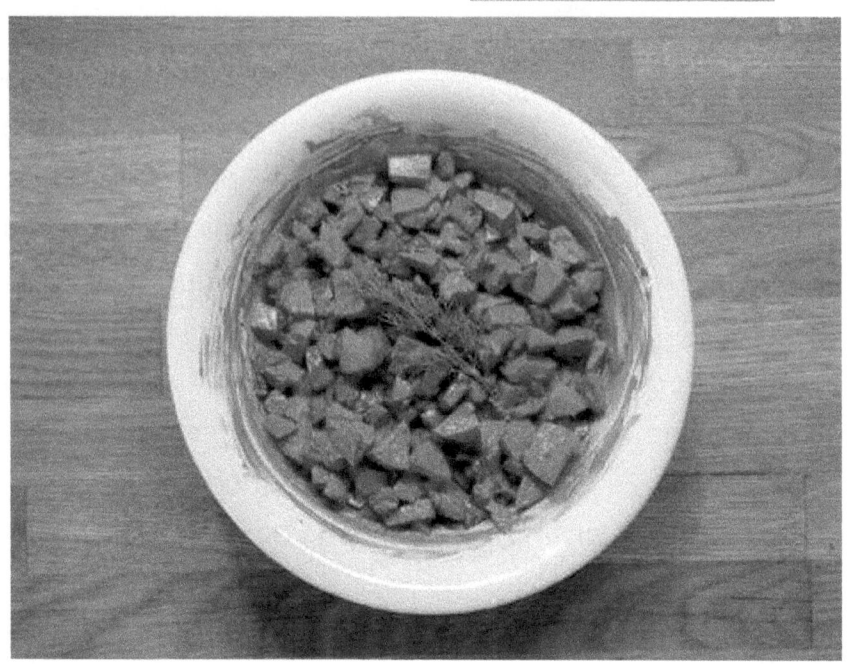

מכינה: 4 מנות

רכיבים:

- 16 אונקיות יכול סלק, מרוקן וחתוך לקוביות
- 1 כף חומץ סיידר
- ¼ כפית כל שום מלח ופלפל
- ¼ כוס שמנת חמוצה
- 1 כפית סוכר

הוראות:

a) מערבבים את כל המרכיבים בתבשיל זכוכית 1 qt. מערבבים בעדינות לערבוב.

b) מכניסים למיקרוגל, מכוסה, 3-5 דקות בחום גבוה, או עד שחומם. מערבבים כל 2 דקות.

c) מניחים לעמוד מכוסה 2-3 דקות לפני ההגשה.

79 . תויצומח קלס

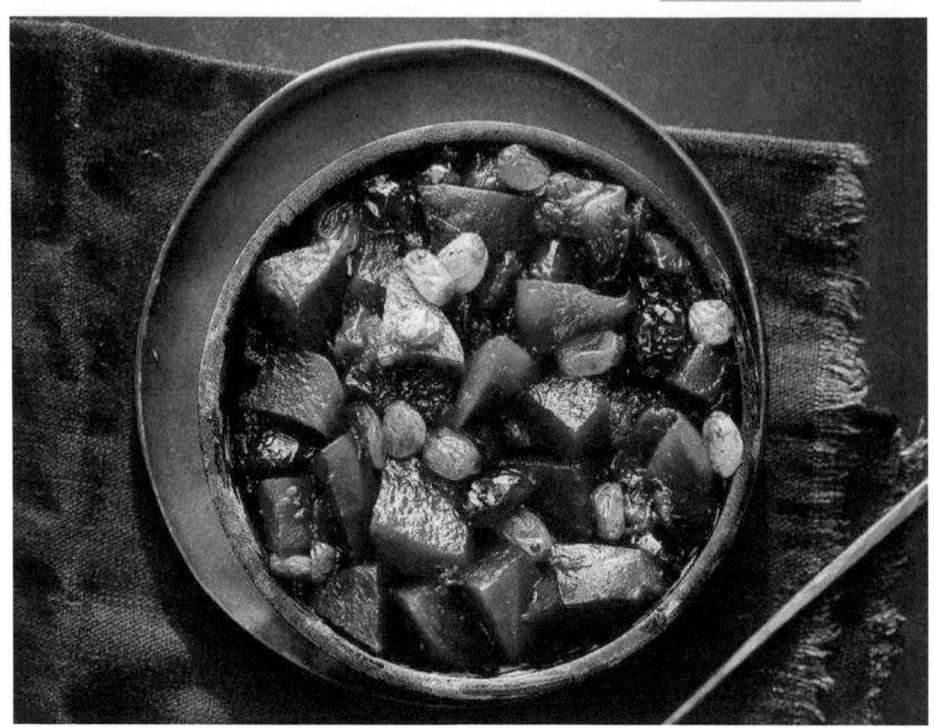

מכינה: 6 מנות

רכיבים:

- 1 קופסת סלק (16 אונקיות) חתוך לקוביות, מסונן
- 1 קופסת (16 אונקיות) פירות יער שלמים או רוטב חמוציות ג'לי
- 2 כפות מיץ תפוזים
- 1 כפית קליפת תפוז מגוררת
- 1 קורט מלח

הוראות:

a) מערבבים את כל החומרים בסיר; לחמם היטב, תוך ערבוב מדי פעם.

b) מגישים בבת אחת. טעים עם הודו או בשר חזיר.

80 . שבד קלס

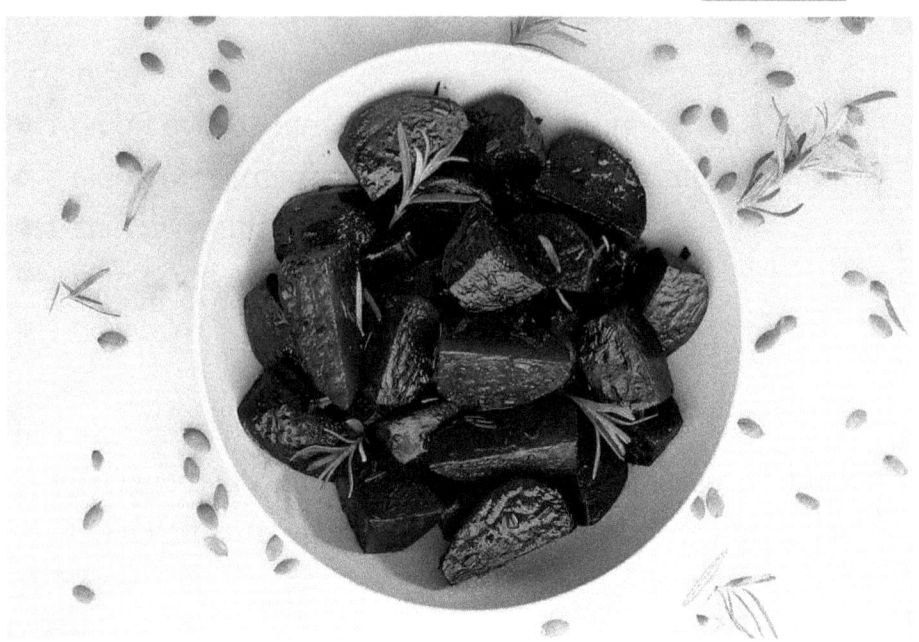

מכינה: 7 מנות

רכיבים:
- 6 כוסות מים
- 1 כף חומץ
- 1 כפית מלח
- 5 סלק בינוני
- 1 בצל בינוני, קצוץ
- 2 כפות מרגרינה
- 2 כפות דבש
- 1 כף מיץ לימון
- ½ כפית מלח
- ⅛ כפית קינמון טחון
- 1 כף פטרוזיליה, חתוכה

הוראות:
a) מחממים מים, חומץ וכפית מלח לרתיחה. מוסיפים סלק. מבשלים עד לריכוך, 35 עד 45 דקות; לנקז. להזרים מים קרים על סלק; להחליק את הקליפות ולהסיר את קצוות השורשים. חותכים סלק לחתיכות חוט נעליים.

b) מבשלים ומערבבים בצל במרגרינה במחבת 10 אינץ' על אש בינונית עד שהבצל רך כ-5 דקות. מערבבים פנימה סלק, דבש, מיץ לימון, חצי כפית מלח וקינמון.

c) מחממים תוך ערבוב מדי פעם, עד שהסלק חם, כ-5 דקות.

d) מפזרים פטרוזיליה.

81 . םיולצ קלס יזירט

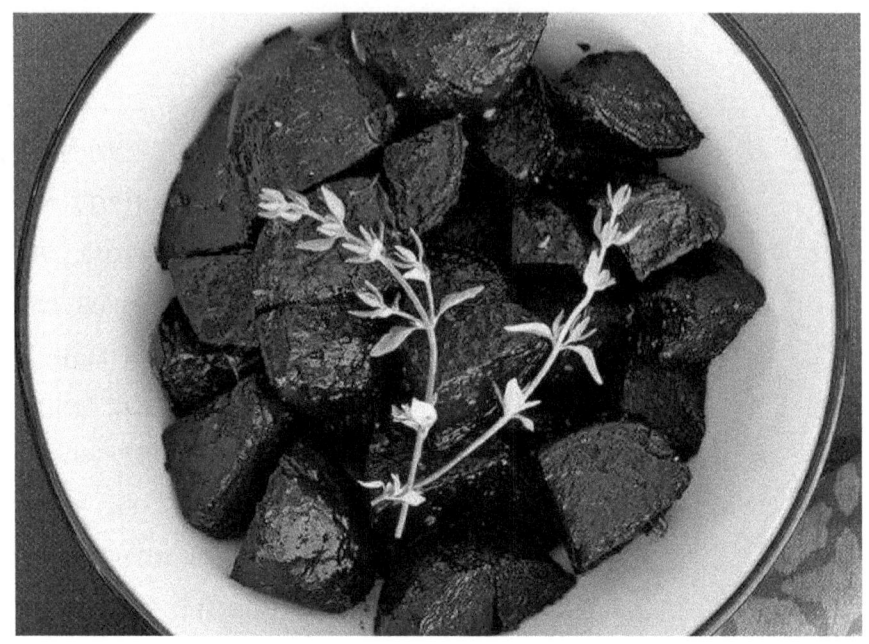

עושה: 4

רכיבים:

- 1 קילו סלק בינוני טרי, קלוף
- 2/1 כפית מלח כשר
- 8 כפיות מרק ירקות
- 5 ענפי רוזמרין טריים

הוראות:

a) מחממים את התנור ל-400 מעלות צלזיוס.
b) חותכים כל סלק לפרוסות בהתאם למספר המנות הרצויות. לזרוק פנימה את מרק הירקות והמלח לציפוי.
c) בתבנית אפייה, מניחים חתיכה באורך 12 אינץ' של נייר כסף כבד.
d) מסדרים את הסלק על נייר הכסף ומפזרים רוזמרין. עוטפים את הסלק בנייר כסף ואוטמים היטב.
e) אופים לפחות שעה אחת או עד שתפוחי האדמה רכים.
f) אפשרו לאדים לברוח על ידי פתיחה בזהירות של נייר הכסף. מסירים את ענפי הרוזמרין. מגישים ונהנים!

רטבים ותענוגות

82 . מרמלדת סלק

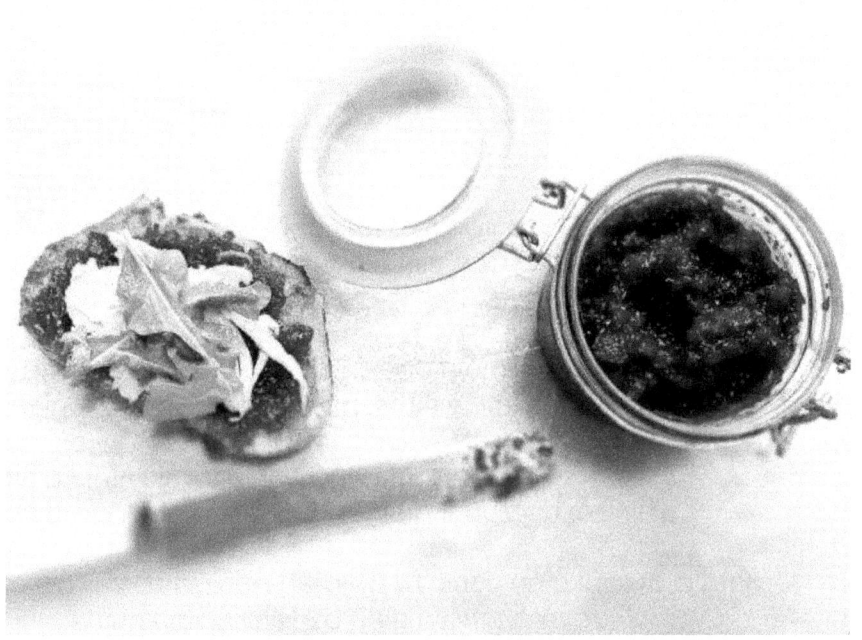

מייצר: 2 צנצנות

רכיבים:
- 4 סלקים אדומים, קלויים ומקולפים
- 1 ½ כוסות סוכר
- 1 לימון
- 2 כפות ג'ינג'ר, קצוץ

הוראות:
(a) ראשית, גזום את הגבעולים והסר את קצה השורש הדק.
(b) עוטפים את הסלק בנייר כסף ומניחים אותו על תבנית האפייה. מכניסים אותו לתנור ומבשלים במשך 45 דקות עד דקה אחת. תן לזה להתקרר, ואז לקלף אותו.
(c) מוסיפים סלק למעבד המזון ומקציפים עד שהוא קצוץ.
(d) מעבירים את הסלק לסיר. לאחר מכן, מוסיפים סוכר ומערבבים היטב.
(e) חותכים את הלימון לקוביות גדולות ומוסיפים אותו למעבד המזון עם ג'ינג'ר קצוץ. מערבבים עד לקבלת תערובת חלקה.
(f) מניחים אותו בסיר ומבשלים על אש בינונית-נמוכה.
(g) מניחים ריבה חמה לתוך הצנצנות החמות והמעוקרות ומשאירים *מרווח ראש של ¼ אינץ'.*
(h) מוסיפים מים לתוך קופסת השימורים של אמבט המים ומביאים לרתיחה.
(i) מניחים צנצנות לתוך מיכל אמבט המים ומביאים לרתיחה.
(j) מכסים את מיכל אמבט המים ומעבדים אותו במשך 15 דקות.
(k) מוציאים את הצנצנות ממיכל אמבט המים ומצננים אותן.

83 . קלס שיליר

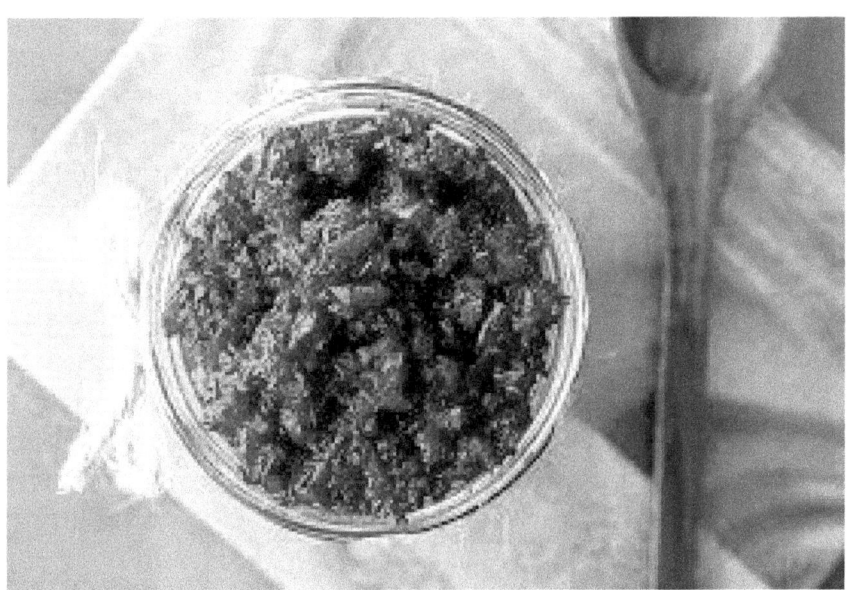

תונצנגצ 2 :רציימ

:םיביכר
- קלס 2, כוסות
- תפוזים, 2
- חומצ תפוחים, 500 מ"ל
- סוכר חום, 400 גרם
- בצל, 3, קצוצ
- תפוחים, 3, קלופים וקצוצים
- שום, 2 שיני, כתושות
- מלח, 1 כפ
- ציפורו, 4
- עלה דפנה, 1
- קינמון, מקל אחד
- ג'ינג'ר טרי, 1 כפית, מגורר
- צ'ילי, 2, קצוצ

:הוראות
(a) מוסיפים את כל חמוחרי לסיר ומבשלים כשהע.
(b) לזרוק עלה הדפנה ומקל קינמון.
(c) ביסוס, העבירו את התערובת לצנצנות, תוך השארת רווח של ¼ אינצ'.
(d) מניחים את הצנצנות לתוך סופוק שימורים של אמבט המים.
(e) מעבד במשך 5 דקות.
(f) שומרים אותו עד חודש במקרר.

188

84. סלקים בבושים

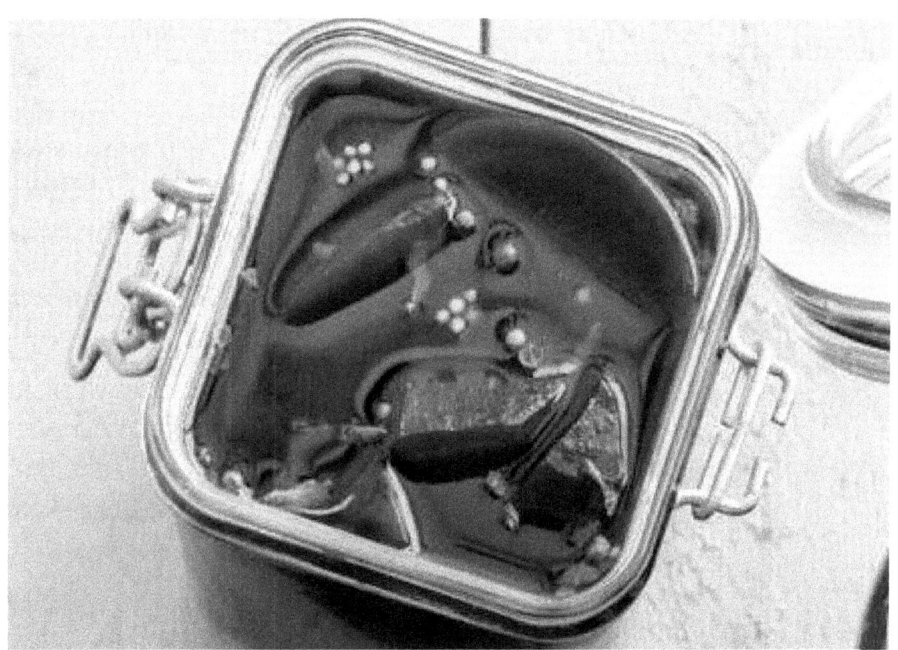

רכיבים:

- 8 סלק קטן
- 1 כוס חומץ סיידר
- 1 כפית מלח
- ¼ כוס סוכר
- 5 גרגירי פלפל
- 1 כפית תבלין כבישה
- 1 עלה דפנה, מקדחה טרייה

הוראות:

(a) מבשלים סלק יציב במקצת.

(b) מסננים ושומרים 1 כוס נוזלים.

(c) ממלאים צנצנת עד כ-¼ אינץ' מהחלק העליון

(d) מאחדים את נוזלי הסלק עם שאר הנוזלים והתבלינים ומביאים לרתיחה, ממלאים צנצנת ומעבדים 10 דקות.

קינוח

85 . םייל-קלס שאנג

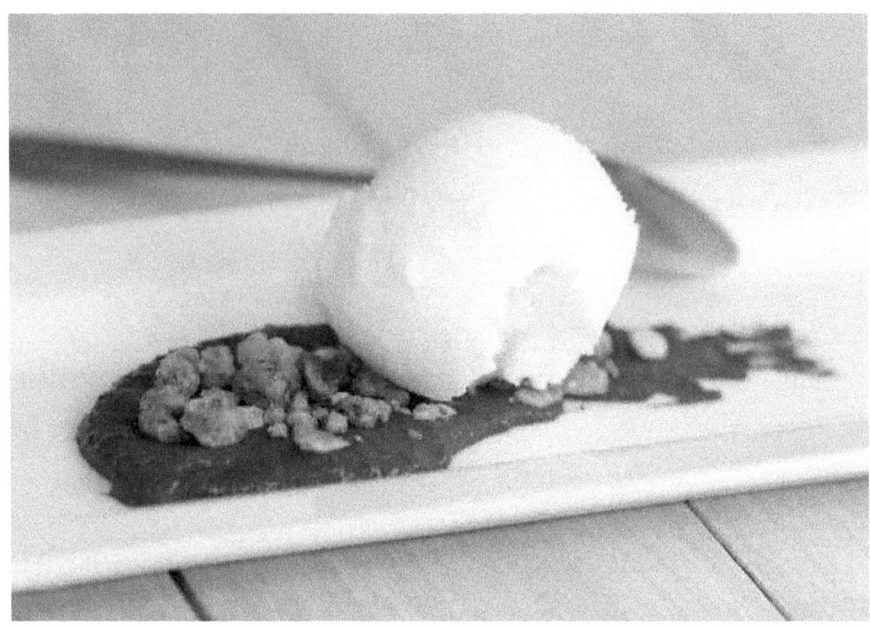

עשוי: 1½ כוסות

רכיבים:

- 2 סלקים בינוניים, קלופים וחתוכים לקוביות
- 1 ליים
- חלב אם צריך
- 4¼ אונקיות שוקולד לבן
- 2 כפות חמאה
- ¼ כוס גלוקוז
- ¼ כוס שמנת כבדה קרה
- ¾ כפית מלח כשר

הוראות:

a) מחממים את התנור ל-325 מעלות צלזיוס.

b) עטפו את נתחי הסלק ביריעת רדיד אלומיניום גדולה והניחו אותם על תבנית יריעה לטיפול קל. צולים במשך 1 עד 2 שעות, או עד שהסלקים נמצאים בצד הדייסי של הרך; תן להם מרווחים נוספים של 30 דקות בתנור אם הם לא.

c) בינתיים, מגררים את הגרידה מהליים; לְהַזמִין. סוחטים 8 גרם (2 כפיות) מיץ מהליים ושומרים.

d) מעבירים את הסלקים לבלנדר וטוחנים אותם. (אם הבלנדר שלך עושה לך בעיות, הוסף עד 1 כף חלב כדי לעזור לו להתקדם.) העבירי את המחית דרך מסננת דקיקה - זה צריך להיות במרקם של מחית הדלעת של ליבי (או מזון לתינוקות). מודדים 120 גרם (⅓ כוס) מחית סלק. לתת להתקרר.

e) מערבבים את השוקולד הלבן והחמאה בכלי המתאים למיקרוגל וממיסים אותם בעדינות במיקרוגל בהתפרצויות של 15 שניות, תוך ערבוב בין פיצוץ לפיצוץ. התוצאה צריכה להיות בקושי חמה למגע והומוגנית.

f) העבירו את תערובת השוקולד לכלי שיכול להכיל בלנדר טבילה - משהו גבוה וצר, כמו מיכל מעדניות פלסטיק של 1 ליטר. מחממים את הגלוקוז במיקרוגל למשך 15 שניות, ואז מוסיפים אותו מיד לתערובת השוקולד וזמזמים עם הבלנדר הידני. לאחר דקה, הזרימו פנימה את השמנת הכבדה, כשהבלנדר הידני פועל - התערובת תתאחד למשהו משיי, מבריק וחלק.

g) מערבבים פנימה את מחית הסלק, גרידת הליים והמלח. מכניסים את הגנאש למקרר למשך 30 דקות להתמצקות.

h) השתמשו במרית כדי לקפל את מיץ הליים לתוך הגנאש (אל תעשו זאת עד שהגנאש מתייצב, אחרת תשברו את הגנאש). החזירו את הגנאש למקרר למשך 3 שעות לפחות, או, באופן אידיאלי, למשך הלילה. מאוחסן בבלי אטום, יישמר במקרר למשך שבוע. מגישים קר.

86 . קלס תגוע

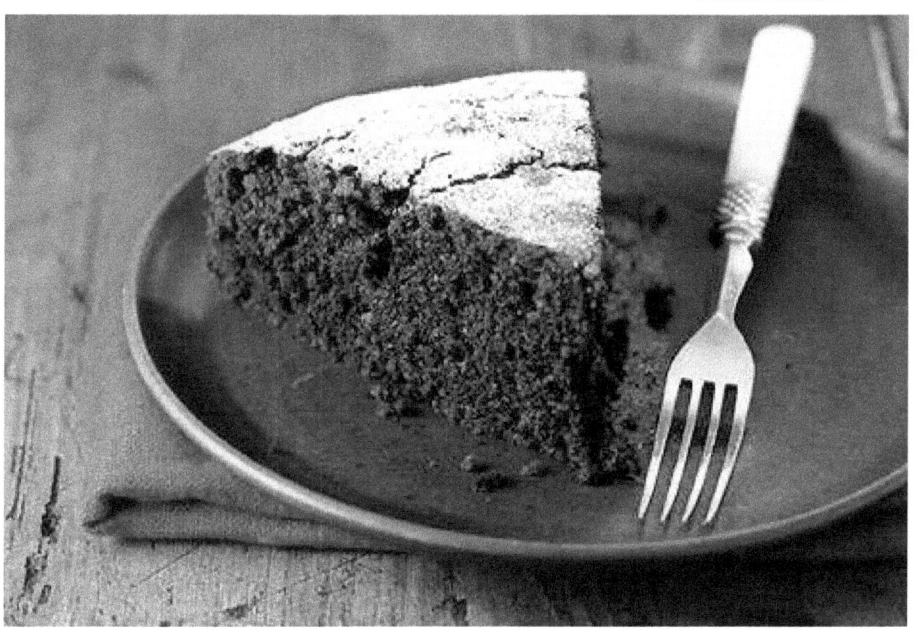

מכינה: 10 מנות

רכיבים:

- 1 כוס שמן קריסקו
- ½ כוס חמאה, מומסת
- 3 ביצים
- 2 כוס סוכר
- 2½ כוס קמח
- 2 כפיות קינמון
- 2 כפיות סודה לשתייה
- 1 כפית מלח
- 2 כפיות וניל
- 1 כוס סלק הרוואָרד
- ½ כוס גבינת קוטג' מוקרמת
- 1 כוס אננס בתוש, מסונן
- 1 כוס אגוזים קצוצים
- ½ כוס קוקוס

הוראות:

a) מערבבים שמן, חמאה, ביצים וסוכר.
b) מוסיפים פנימה קמח, קינמון, סודה ומלח.
c) מקפלים פנימה וניל, סלק, גבינת קוטג', אננס, אגוזים וקוקוס.
d) יוצקים לתבנית בגודל 9x13 אינץ'.
e) אופים בחום 350 במשך 40-45 דקות. מגישים עם קצפת.

87 . גראטן סלק

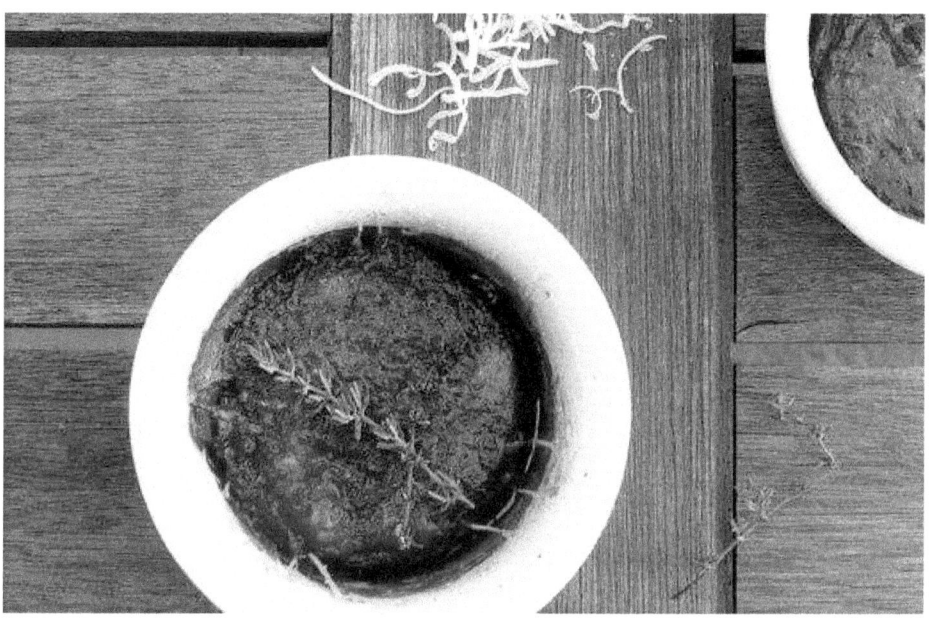

מכינה: 4 מנות

רכיבים:

- 4 כוסות סלק פרוס (גם אדום וגם צהוב), פרוס בעובי של ½ אינץ'
- 1 כוס בצל פרוס דק
- 2 כוסות פירורי לחם מתובלים
- 3 כפות חמאה
- שמן זית, לטפטוף
- גבינת פרמזן, לזילוף
- תיבול קריאולי, לזילוף
- מלח ופלפל לבן

הוראות:

a) מחממים תנור ל-375 מעלות צלזיוס. בתבנית גראטן חמאה או בתבנית אפייה כבדה, שכבות סלק, בצל וחצי מפירורי הלחם מנוקדים כל אחד בחמאה ומתבלים כל שכבה בשמן זית, גבינת פרמזן, תיבול קריאולי ומלח ופלפל לפי הטעם.

b) מסיימים בשכבת פירורי לחם מעל. אופים, מכוסה, במשך 45 דקות. חושפים וממשיכים לאפות עוד 15 דקות, או עד שהחלק העליון שחום ומבעבע. מגישים ישירות מהמנה.

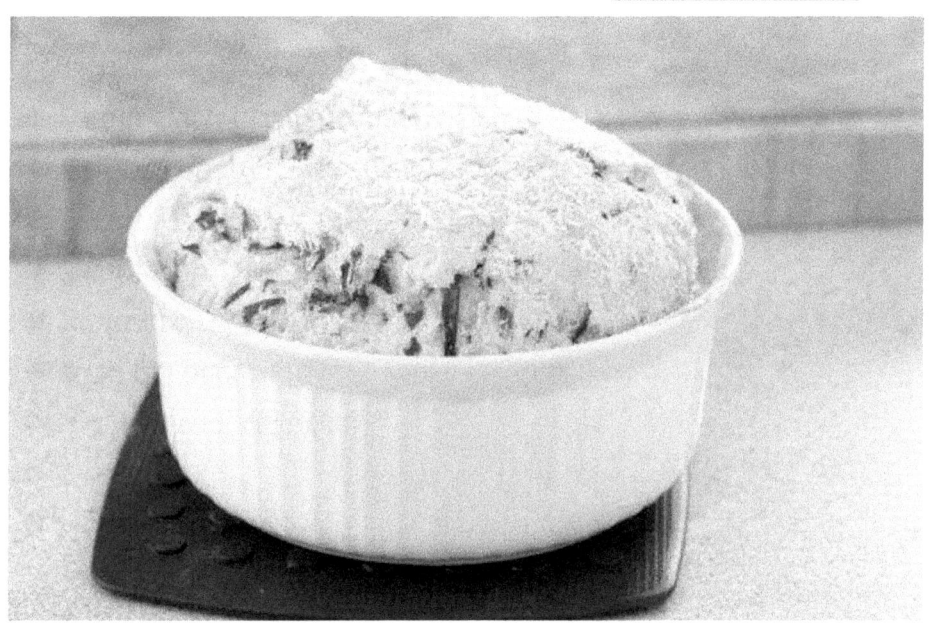

מכינה: סופלה אחד

רכיבים:

- 3 כפות גבינת פרמזן; מְגוּרָד
- 2 סלק מדיום; מבושל ומקולף
- 2 כפות חמאה
- 2 כפות קמח
- ¾ כוס מרק עוף; חַם
- 1 כוס עלי סלק; מוקפץ
- ½ כוס גבינת צ'דר; מְגוּרָד
- 3 חלמונים
- 4 חלבוני ביצה

הוראות:

a) חמאה 1 qt a. מנת סופלה; מפזרים גבינת פרמזן. פורסים את הסלקים המבושלים ומרפדים בהם את תחתית צלחת הסופלה.

b) בסיר קטן ממיסים את החמאה, מערבבים פנימה את הקמח, מוסיפים את המרק החם וממשיכים לבשל עד שמסמיך מעט, ואז מעבירים לקערה גדולה יותר. קוצצים גס את עלי הסלק ומוסיפים לרוטב יחד עם גבינת צ'דר.

c) בקערה נפרדת מקציפים חלמונים; מערבבים אותם עם תערובת ירוק סלק. מקציפים חלבונים עד שהם יוצרים פסגות. מקפלים לקערה עם מרכיבים אחרים; למזג היטב. מעבירים הכל לצלחת סופלה עם חמאה. מפזרים גבינת פרמזן.

d) אופים ב-F 350. במשך 30 דקות, או עד שהסופלה תופח ומזהיב.

89 . קלס סומ

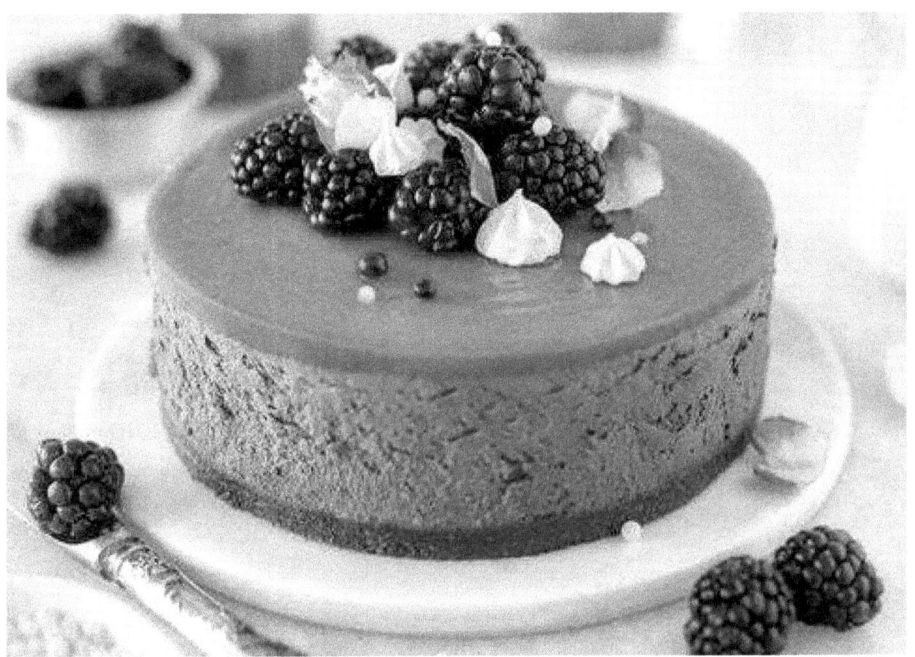

מכינה: מנה אחת

רכיבים:
● 3 סלק מדיום; מבושל על העור שלהם
● 2½ כוס מרק עוף
● 2 חבילות ג'לטין ללא טעם
● 1 כוס יוגורט ללא טעם
● 2 כפות מיץ לימון או ליים
● 1 בצל קטן מגורד
● 1 כף סוכר
● 1 כף חרדל
● מלח ופלפל; לטעום

הוראות:
a) מקלפים ומבושלים בקוביות סלק.
b) מניחים ג'לטין בקערה עם 6 ט' מים ומערבבים. מניחים לעמוד 2 דקות
ויוצקים ציר עוף חם תוך כדי ערבוב.
c) מעבדים יחד את כל החומרים מלבד הג'לטין. תיבול נכון.
d) מוסיפים ג'לטין מקורר ומעבדים רק לתערובת.
e) יוצקים לתבנית משומנת להתייצבות 6. פותחים ומגישים למרכז הצלחת
מוקף בסלט קארי עוף או סלט שרימפס

202

90 . לחם אגוזים סלק

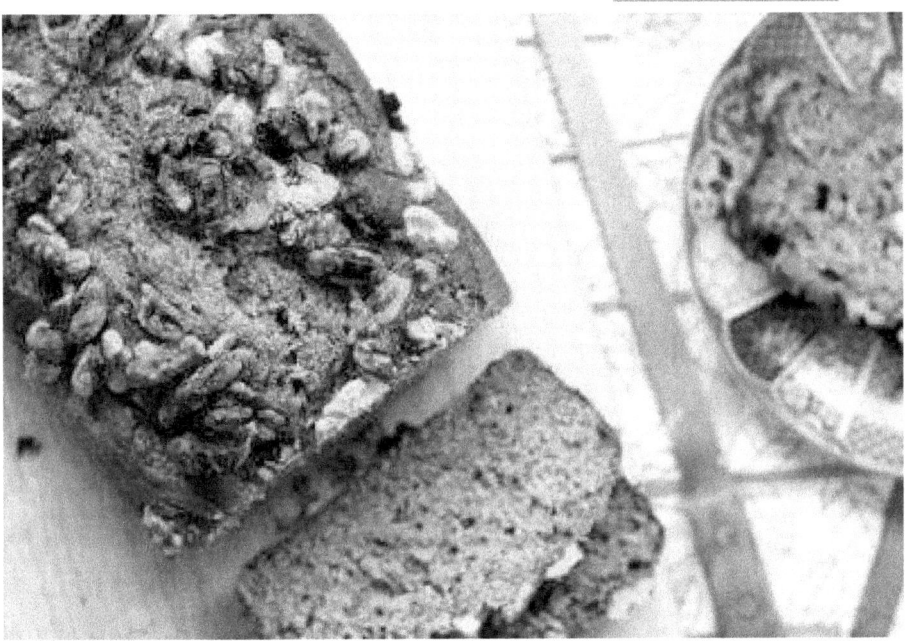

מכינה: מנה אחת

רכיבים:

- ¾ כוס קיצור
- 1 כוס סוכר
- 4 ביצים
- 2 כפיות וניל
- 2 כוסות סלק מגורר
- 3 כוסות קמח
- 2 כפיות אבקת אפיה
- 1 כפית סודה לשתייה
- ½ כפית קינמון
- ¼ כפית אגוז מוסקט טחון
- 1 כוס אגוזים קצוצים

הוראות:

a) מקציפים קיצור וסוכר לקצף בהיר ותפוח. מערבבים פנימה ביצים ווניל. מערבבים פנימה סלק.

b) הוסף מרכיבים יבשים משולבים; לערבב היטב. מערבבים פנימה אגוזים.

c) יוצקים לתבנית משומנת ומקומחת בגודל 9x5 אינץ'.

d) אופים ב-F'350. למשך 60-70 דקות או עד שקיסם העץ הננעץ במרכז יוצא נקי.

e) מצננים במשך 10 דקות; להסיר מהמחבת.

91 . טארט סלק צלוי וגבינת עיזים

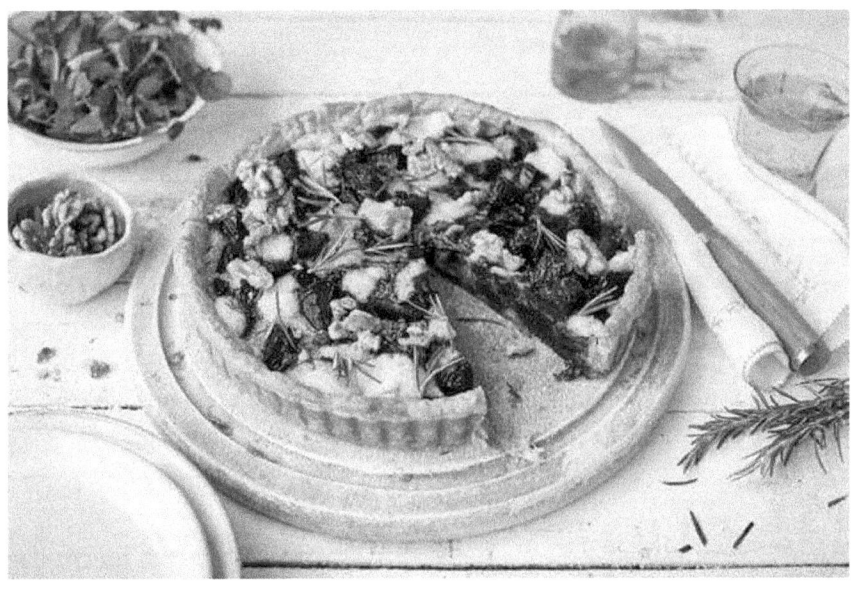

רכיבים:

1 דף בצק עלים, מופשר
2 סלקים גדולים, צלויים ופרוסים
4 גרם גבינת עיזים, מפוררת
4/1 כוס אגוזי מלך קצוצים
2 כפות דבש
2 כפות חומץ בלסמי
2 כפות שמן זית
מלח ופלפל לפי הטעם
הוראות:

מחממים את התנור ל-375 מעלות צלזיוס (190 מעלות צלזיוס).

מרדדים את בצק העלים על משטח מקומח קלות.

מעבירים את בצק העלים לתבנית אפייה.

מסדרים את הסלק הצלוי והפרוס על גבי בצק העלים.

מפזרים מעל הסלק את גבינת העיזים המפוררת ואגוזי מלך קצוצים.

מטפטפים על הטארט את הדבש, החומץ הבלסמי ושמן הזית.

מתבלים במלח ופלפל, לפי הטעם.

אופים 25-30 דקות או עד שהמאפה מזהיב.

מגישים חם.

92 . טארט סלק ופטה

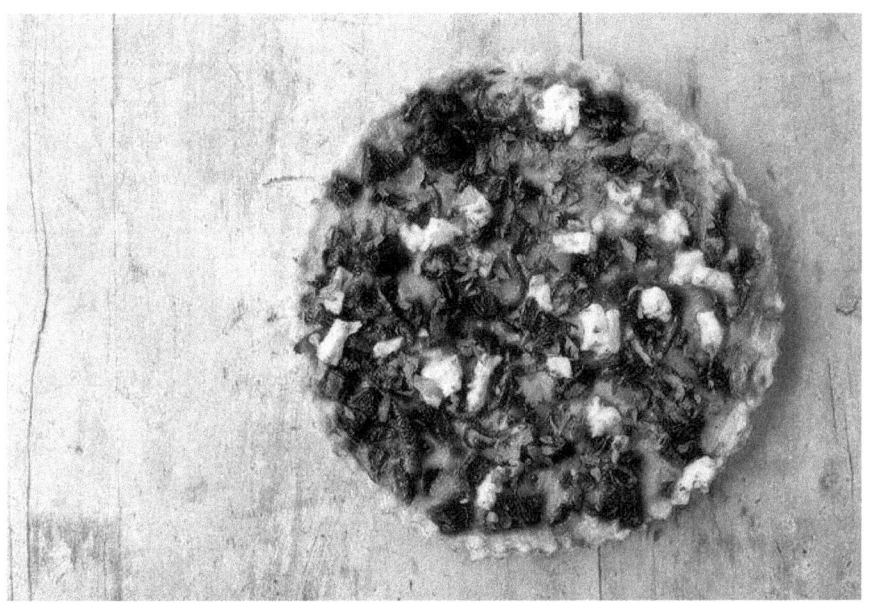

רכיבים:

1 בצק פאי קנוי בחנות
2 סלקים גדולים, צלויים ופרוסים
2/1 כוס גבינת פטה מפוררת
4/1 כוס פטרוזיליה טרייה קצוצה
2 ביצים
2/1 כוס שמנת כבדה
מלח ופלפל לפי הטעם

הוראות:

מחממים את התנור ל-375 מעלות צלזיוס (190 מעלות צלזיוס).

מרדדים את בצק הפאי ומעבירים אותו לתבנית טארט בגודל 9 אינץ' (23 ס"מ).

מסדרים את הסלקים הצלויים והחתוכים על גבי בצק הפאי.

מפזרים מעל את גבינת הפטה המפוררת ופטרוזיליה טרייה קצוצה.

בקערת ערבוב קטנה נפרדת, טורפים יחד את הביצים והשמנת הכבדה.

יוצקים את תערובת הביצים על תערובת הסלק והפטה.

מתבלים במלח ופלפל, לפי הטעם.

אופים בתנור שחומם מראש במשך 30-35 דקות, או עד שהטארט מתייצב והקרום מזהיב.

מגישים חם או בטמפרטורת החדר.

מַשְׁקָאוֹת

93 . משקה סלק מלפפון

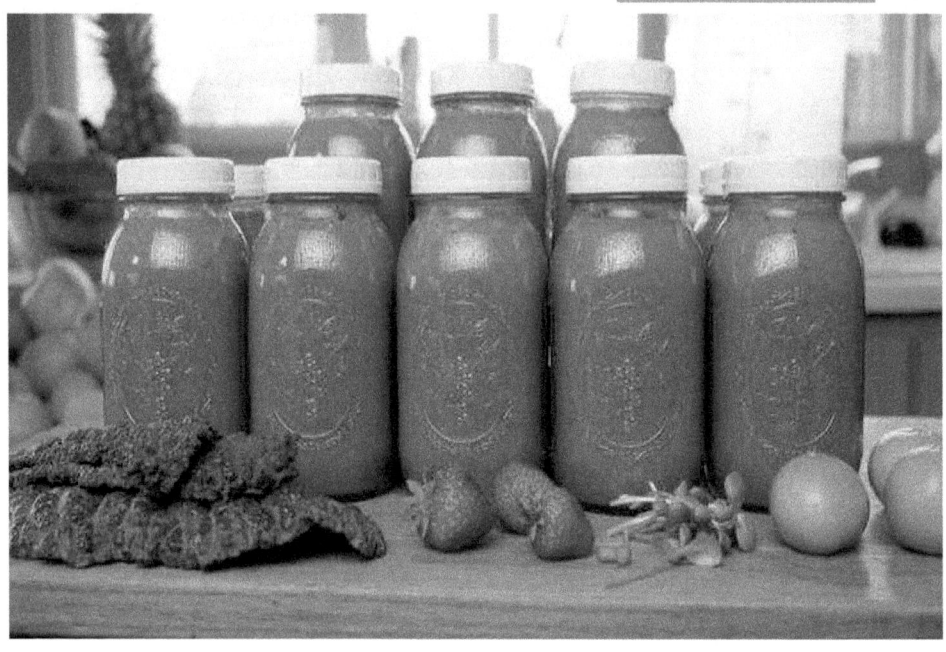

עושה: 2

רכיבים:

- 3 גזרים
- 1 מלפפון
- 1 פלפל ירוק
- 1 סלק (בינוני)
- 2 עגבניות
- 1 אינץ' של ג'ינג'ר

הוראות:

a) לשטוף היטב ולחתוך גס את כל הרכיבים.

b) מיץ הכל חוץ מהמלפפון, אותו תמיץ אחרי הג'ינג'ר כדי להעביר הכל דרך המסחטה.

94. שייק תפוחים, סלק ותותים

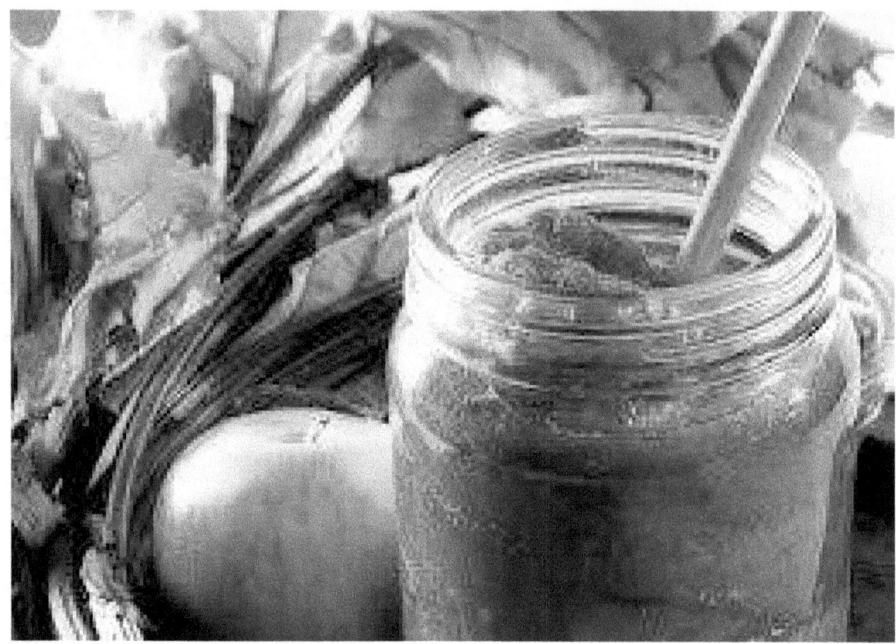

עושה: 2

רכיבים:

- 1 כוס תותים קפואים, קלופים ופרוסים
- 1 סלק, קלוף וקצוץ
- 1 כוס תפוח, קלוף, בליעה וחתוך לפרוסות
- 3 תמרים מדג'ול, מגולענים וקצוצים
- ¼ כוס שמן קוקוס כתית מעולה
- ½ כוס חלב שקדים, לא ממותק

הוראות:

a) מערבבים את כל החומרים ומערבבים עד לקבלת מרקם חלק.
b) מוזגים את השייק לשתי כוסות ומגישים.

95. מיץ סלק עם ג'ינג'ר ולימון

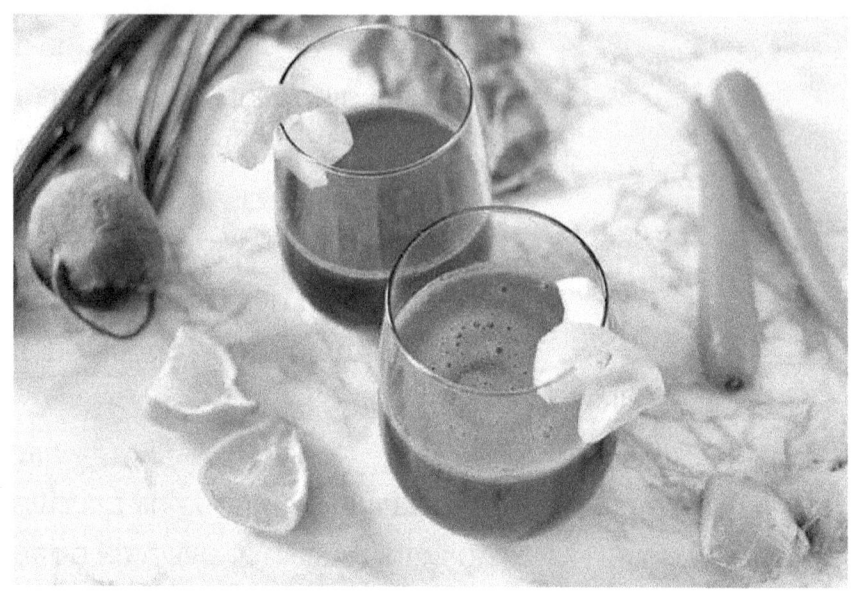

רכיבים:

2 סלקים בינוניים, קלופים וקצוצים
חתיכת ג'ינג'ר טרי בגודל 1 אינץ', קלופה וקצוצה
1 לימון, מיץ
2-1 כוסות מים
הוראות:

מוסיפים לבלנדר את הסלק, הג'ינג'ר ומיץ הלימון.

מוסיפים מספיק מים כדי לכסות את החומרים.

מערבבים עד לקבלת תערובת חלקה.

מסננים דרך מסננת דקה או בד גבינה.

מגישים על קרח.

96 . שייק סלק ואננס

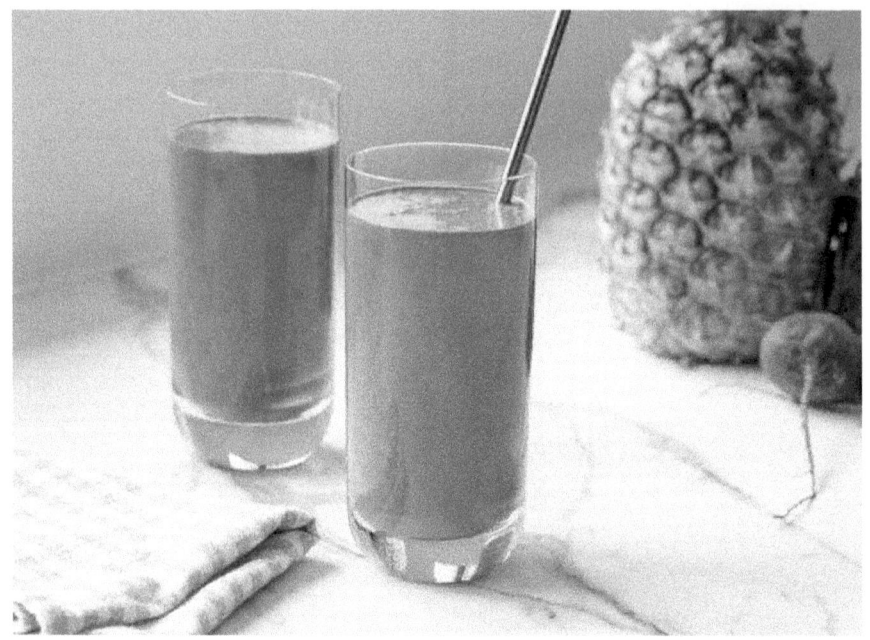

רכיבים:

2 סלקים בינוניים, קלופים וקצוצים
1 כוס נתחי אננס קפואים
1 בננה
1 כוס מי קוקוס
1 כף דבש
הוראות:

מוסיפים לבלנדר את הסלק, נתחי האננס, הבננה, מי הקוקוס והדבש.

מערבבים עד לקבלת תערובת חלקה.

מגישים על קרח.

97 . שייק סלק וברי

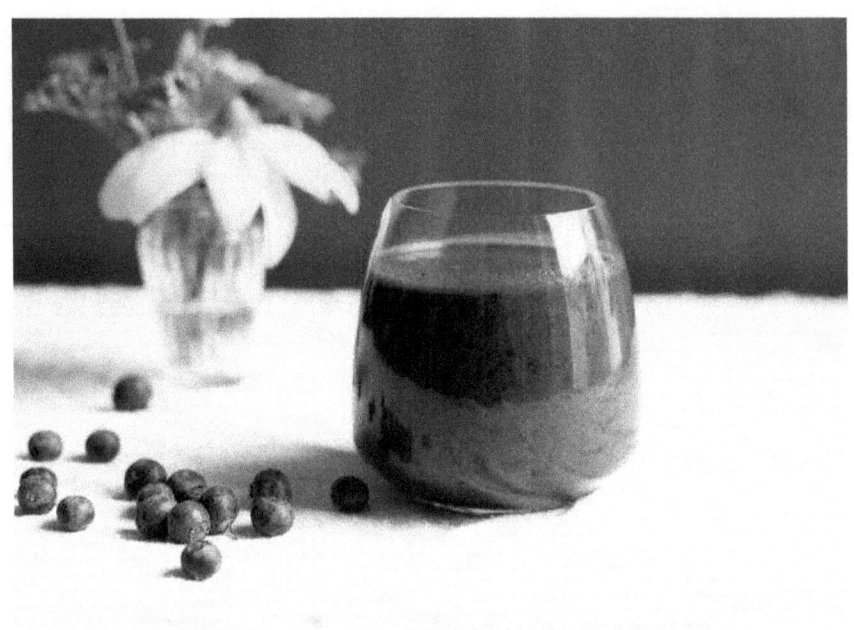

רכיבים:

2 סלקים בינוניים, קלופים וקצוצים
1 כוס פירות יער מעורבים (תותים, אוכמניות, פטל)
1 בננה
1 כוס חלב שקדים
1 כף דבש
הוראות:

מוסיפים לבלנדר את הסלק, פירות היער המעורבבים, הבננה, חלב השקדים והדבש.

מערבבים עד לקבלת תערובת חלקה.

מגישים על קרח.

98 . מיץ סלק וגזר

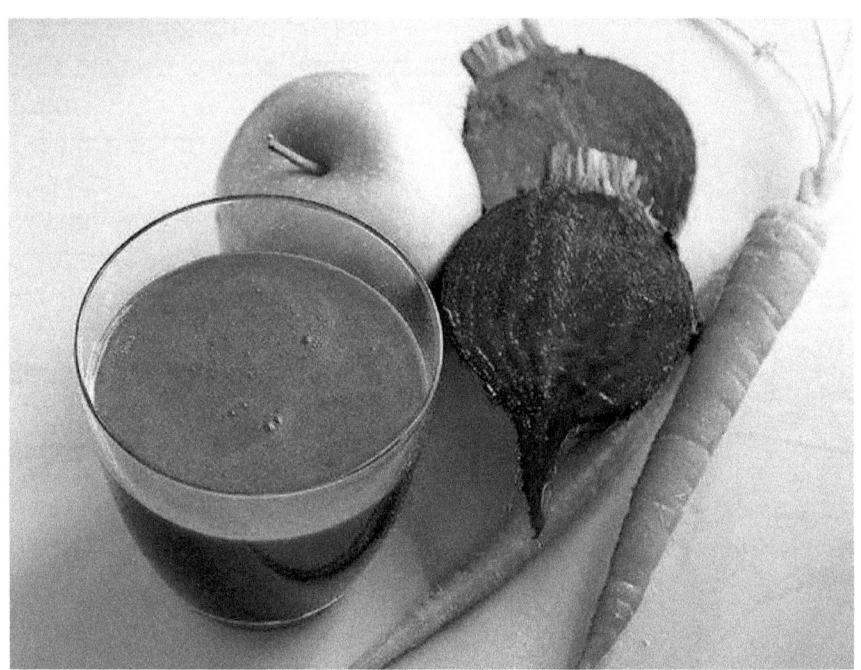

רכיבים:

2 סלקים בינוניים, קלופים וקצוצים
2 גזרים בינוניים, קלופים וקצוצים
1 תפוח, מגורע וקצוץ
חתיכת ג'ינג'ר טרי בגודל 1 אינץ', קלופה וקצוצה
הוראות:

מוסיפים את הסלק, הגזר, התפוח והג'ינג'ר למסחטה.

מיץ את החומרים.

מגישים על קרח.

99 . סלק קוואס

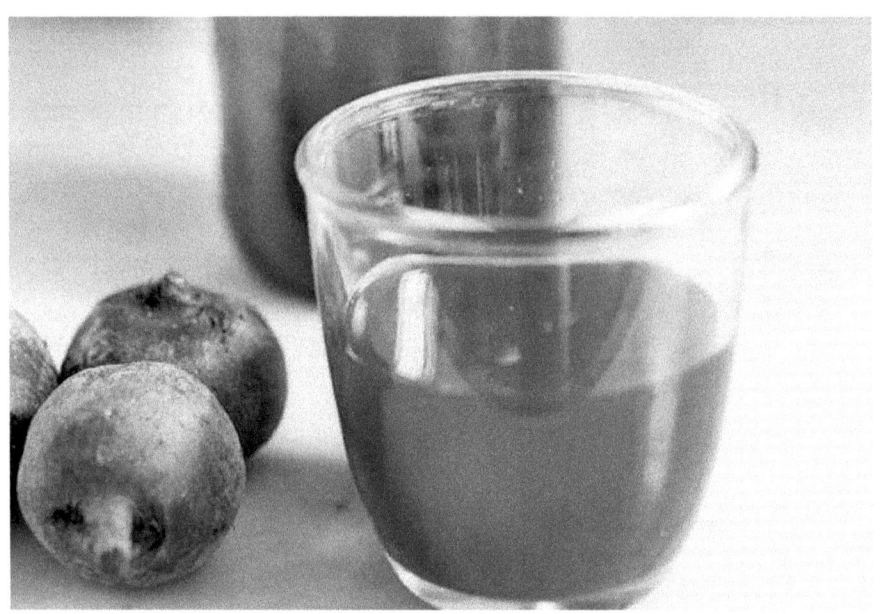

רכיבים:

2 סלקים בינוניים, קלופים וקצוצים
1 כף מלח ים
4 כוסות מים מסוננים
הוראות:

מוסיפים את הסלק, מלח הים והמים המסוננים לצנצנת זכוכית.
מכסים את הצנצנת במכסה ומנערים כדי להמיס את המלח.
השאירו את הצנצנת בטמפרטורת החדר למשך 2-3 ימים, או עד שהתערובת הופכת
מעט חמוצה ומבעבעת.
מסננים את התערובת במסננת דקה.
מגישים את הקוואס צונן.

בונוס

אנו מקווים שספר הבישול הזה העניק לך הערכה חדשה לסלק הצנוע ולכל הדרכים הטעימות שניתן להשתמש בו במטבח. בין אם אתם מחפשים ארוחות בריאות ועמוסות בחומרים מזינים או פשוט רוצים להוסיף קצת צבע תוסס למנות שלכם, סלק הוא אופציה רב-תכליתית וטעימה.

על ידי שילוב סלק בבישול שלך, אתה יכול לנצל את היתרונות הבריאותיים הרבים שלו, מחיזוק המערכת החיסונית שלך ועד לשיפור הביצועים הספורטיביים שלך. אז, אל תפחדו להתנסות במתכונים ובטכניקות בישול שונות, ולגלות את האפשרויות האינסופיות של ירק השורש המדהים הזה.

תודה שבחרת בספר הבישול של סלק, ואנו מקווים שהמתכונים והטיפים המופיעים בספר זה יעוררו אותך להפוך את הסלק לחלק קבוע מהתזונה שלך. בישול שמח!

Milton Keynes UK
Ingram Content Group UK Ltd.
UKHW020649070823
426447UK00015B/892

9 781835 319697